臺灣歷史與文化 研究輯刊

二三編

第6冊

日治時期臺灣的藥業網絡
——以藥業從業人員與藥品使用者為主的討論(下)

歐怡涵 著

花木蘭文化事業有限公司

國家圖書館出版品預行編目資料

日治時期臺灣的藥業網絡——以藥業從業人員與藥品使用者
為主的討論（下）／歐怡涵 著 -- 初版 -- 新北市：花木蘭文
化事業有限公司，2023〔民 112〕

目 6+172 面；19×26 公分

（臺灣歷史與文化研究輯刊二三編；第 6 冊）

ISBN 978-626-344-198-9（精裝）

1.CST：製藥業 2.CST：藥師 3.CST：藥品 4.CST：日據時期
5.CST：臺灣

733.08   111021714

ISBN-978-626-344-198-9

臺灣歷史與文化研究輯刊
二三編　第六冊　　　　　　　ISBN：978-626-344-198-9

日治時期臺灣的藥業網絡
——以藥業從業人員與藥品使用者為主的討論（下）

作　　者　歐怡涵
總 編 輯　杜潔祥
副總編輯　楊嘉樂
編輯主任　許郁翎
編　　輯　張雅淋、潘玟靜　美術編輯　陳逸婷
出　　版　花木蘭文化事業有限公司
發 行 人　高小娟
聯絡地址　235　新北市中和區中安街七二號十三樓
　　　　　電話：02-2923-1455／傳真：02-2923-1452
網　　址　http://www.huamulan.tw 信箱 service@huamulans.com
印　　刷　普羅文化出版廣告事業
初　　版　2023 年 3 月
定　　價　二三編 13 冊（精裝）新台幣 38,000 元

日治時期臺灣的藥業網絡
——以藥業從業人員與藥品使用者為主的討論（下）

歐怡涵　著

目

次

圖目次

第六章 網絡下游之消費者——藥品使用者的反應與選擇

　　此章所要討論的主題為臺灣藥業網絡中，實際使用藥品的消費者對於藥業網絡中藥業從業人員之反應，及對藥品所做出的選擇，主要從三個方面，來進行討論，一是由報紙輿論中所展現的一般用藥者對於藥種商或藥劑師和所經營之藥局的形象。二是從藥品價格對於消費者的影響討論起，藥品價格對於消費者而言，是最現實的問題，他們對於藥品價格所反應的態度，也連帶觀察到臺灣藥業網絡中一些難以處理的問題和市場現象。三是從民眾對於藥品使用的選擇討論起，由於下層民眾使用藥品情形的資料缺乏，故此部份將以中上階層作為分析的對象。西藥型主要是以林獻堂為例，西漢藥混合型則是以張麗俊為例，輔助日治時期的臺灣中部地區家族帳冊分析，討論其西漢藥混用之狀態。

第一節　藥品使用者對藥業網絡的反應

一、輿論中藥業從業人員的形象

　　在輿論中所展現的藥種商或藥劑師所開設的藥局形象，主要是顯示出三個現象，第一個形象主要是針對其開設藥局，獲利頗豐的現象報導最多。如香港區臣氏於 1899 年在臺灣營業的狀況，「香港區臣氏大藥房公司於 1899 年生意極為興盛，據算去年該公司除開銷外實賺 117,294 圓。」〔註 1〕此外，還有

〔註 1〕〈藥房獲利〉，《臺灣日日新報》第 634 號，明治 33 年（1899）6 月 14 日，第三版。

於 1909 年臺灣營業的藥種商中，臺灣人和日本人營業獲利的狀況，如「於三市街營業之藥種商 107 戶之多，其中由內地人營業的，有 29 間。近年來，本島人的藥種商，主要是進口日本的藥品或是本地的漢藥進行販售。在艋舺大稻埕一帶的藥種商發展得相當興盛，平均一個月就有一萬圓的收入」。〔註 2〕

第二個形象則是有關藥種商和藥劑師的專業知識和職業道德問題。首先是專業知識的部份，報紙上的輿論說明了，1898 年時「人之療病賴方藥之得宜近來各街藥商賣熟藥者為圖省費雇用未學之少年發售藥貼見醫師所書藥方字畫潦草，弗究其詳誤以他藥抵之，或值該藥有缺，則妄代以近似者。有時買藥人多，誤將甲所買者與乙所買者與甲在買歸者或自畏煩或不識字無加檢點，隨便付婦女煎之，恆致病者誤服，貽患不淺，願各藥販及為藥店傭者知此事關人性命，宜留心慎之也。」〔註 3〕這便是藥局中的調劑人員，不夠專業，連沒有受過專業訓練的店員，都讓其進行調劑藥品的工作，對於病人的生命安全因此造成了嚴重的損害。〔註 4〕以上報導顯示，藥劑師和藥種商對於本身專業知識和職業道德的重要性，藥劑師或藥種商在為病人配製藥品時，需善加使用其對於藥品的專業知識，更顯示了對於藥品需要慎重使用和關切病患狀態的心態。

有關職業道德的部份，輿論顯示：1907 年「南部各廳下之漁村，近來有越來越多的賣藥行商者至此販賣其自行製造的藥品，其用不清潔的器物來製作藥品，甚至是混合了其他種的藥品，製作特殊的眼藥，且以高價販賣藥品，有些人則是在當地租屋自行製造成藥品。當地官廳警察，對其的取締不夠充分，恐會釀成災禍，這些賣藥行商，喜歡到偏僻的村落，愚弄人民，他們對村民進行診斷，且依其診斷出來的疾病，以高價販賣給村民藥品。」〔註 5〕這更顯示了藥劑師和藥種商本身職業道德的重要性，如果為了貪圖藥品所帶來的

〔註 2〕〈醫者與藥屋〉，《臺灣日日新報》第 3167 號，明治 42 年（1909）11 月 12 日，第五版。

〔註 3〕〈賣藥宜慎〉，《臺灣日日新報》第 350 號，明治 33 年（1898）7 月 4 日，第三版。

〔註 4〕另一篇報導也顯示：「近來有一種病症感冒之時遍身發熱，滿面通腫，若服和解之劑，調治得宜，尚不至性命之憂，間有誤投溫藥而至隕命者，不知凡幾，然則醫藥顧可不慎哉。」〈醫藥宜慎〉，《臺灣日日新報》第 551 號，明治 33 年（1898）3 月 6 日，第四版。

〔註 5〕〈南部地方的賣藥行商〉，《臺灣日日新報》第 2737 號，明治 40 年（1907）6 月 20 日，第五版。

利潤，而使用了低廉的製造方式，愚弄一般民眾，只是造成了一般消費者對於藥種商追求暴利，而不擇手段之形象的深植於心中。藥種商或藥劑師職業道德的不佳，也展現於輿論中：1908 年「基隆草店尾街賣藥商長壽號負責人楊安，在商業用的秤上塗上蠟，使用此秤賣藥，因被發覺，昨日被舉發。」〔註6〕藥種商在賣藥的器具上動了手腳，希望在消費者購買時，以少量的藥材，換取較多的利潤。

　　另外一篇報導，則提及 1920 年中部地區有賣藥行商於該地賣藥之際，對於病患施行注射之行為，此行為帶有相當之危險性，期望能夠各自警戒。〔註7〕賣藥行商，在臺灣總督府管制的藥業從業人員之中，是屬於藥種商之一種，其對病人是不可以施行如醫師般的診療行為，這是藥種商應該要秉持和遵守的專業道德。而有關藥局職業道德的問題，則是藥局在報紙上刊登廣告時，有過於誇張療效、強調速效卻沒有實際根據，這主要是希望吸引消費者購買藥品。報導中形容 1920 年時「臺北城內書院街二之一一的藥種商森田信生堂於報紙上所刊登之胃腸病藥，強調其效能有得到許可，但昨被查出其違反臺灣賣藥營業規則而被施以處罰」。〔註8〕

　　第三個形象則是藥局之間的競爭問題。多數是起因於小賣店（零售店）濫賣藥品，1911 年「臺北的藥店（即藥局）同業之間最近產生了一些紛爭，市內某間有力的藥種店，透露真相，那就是最近市內超過半數約 40 餘間資力薄弱的藥種店，向大藥店買入商品。小賣店又和賣藥行商產生自然的競爭，而導致小賣店與賣藥行商間，在賣藥的一定價格上，顯得低廉，且有濫賣的跡象。賣藥的價格和其他的物品比較起來，顯得較為低廉，照理來說，成本和定價之間應有二至三成的利潤差。現在有 12 間小賣店私自破壞藥業組合的規約，這種薄利的壞風氣，也在許多小間店流傳，藥業組合在業界素有矯正者的角色，現在既然有違反規約的事實，藥業組合應令其懲戒委員，處理此事，將此問題於組合總會提出，以期望改善目前的情況。」〔註9〕以上主要提及因為藥業者之

〔註6〕〈不正直的藥屋〉，《臺灣日日新報》第 3197 號，明治 41 年（1908）8 月 26 日，第五版。

〔註7〕〈賣藥行商不正〉，《臺灣日日新報》第 7152 號，大正 9 年（1920）5 月 9 日，第四版。

〔註8〕〈藥屋廣告不實〉，《臺灣日日新報》第 7344 號，大正 9 年（1920）11 月 17 日，第七版。

〔註9〕〈藥屋仲間的紛紜〉，《臺灣日日新報》第 3973 號，明治 44 年（1911）6 月 15 日，第五版。

間的競爭,導致藥品價格低廉,甚至出現濫賣的現象,而藥業者之間的同業組合,在藥品的價格上,又居於主導的位置,若是沒有組合規約的規範,這種現象都會一直充斥在日治時期臺灣的藥業市場之中。

從以上報紙的報導之中,都可以看見一個重要的因素貫串其中,導致藥種商和藥劑師和其所開設的藥局形象,多以負面較多,那就是藥品價格和利潤的問題,為了貪圖利潤,而導致諸種不合法的作為,在報紙上被披露。而消費者對於藥品最直接會有反應的,也就是價格的部份,故雙方在臺灣藥業市場網絡中,總是會因為藥品價格和利潤方面產生衝突。以下就針對藥品價格的部份,以及消費者面對藥品價格和利潤問題,在藥業市場網絡中藥業從業人員、藥品和消費者三者之間的互動,進行討論。

二、藥品價格問題——消費者的藥品減價運動

臺灣藥業市場問題,其實反映了殖民政權以西方醫學進步之姿,意圖改善殖民者或被殖民者的體質狀況與健康,教化人民接受西方醫學帶來的科學和進步,雖然醫學知識的確進步了,但是對於臺灣人民健康的實際改善真的進步或完成了嗎?人民面對昂貴的藥價,無法追求殖民者所要求的西方醫學,他們可能只有往傳統的醫學和治療方式中尋找有效且較便宜的治療方法。若以殖民者心目中進步的進程來看,殖民政權的腳步一直往前走,但是社會民眾的腳步卻一再被現實往後拉,或者得靠社會上的個人或團體奮力尋求方法,辛苦地追上所謂「進步」的腳步。整個日治時期,總督府看見了死亡率的下降,但是卻沒有看見死亡率下降的背後,人民醫藥品質的真相。致使有關藥品的價格和利潤問題,一直成為消費者和藥業從業人員立場對立激烈且頻繁出現於報章雜誌的主題。

綜觀日治時期臺灣藥業市場之中,藥品價格會不正常上升的情況,主要情況有三,同時也包含了部份與之相配合的解決機制。一種就是疾病流行之際,如發生霍亂或感冒等疾病,藥品價格,會因為市場需求增高,藥品數量不夠,而水漲船高。輿論中顯示了 1919 年因為「虎疫(即霍亂)既盛,所需各藥品亦因而騰貴,然其價多不照組合所規定。其賣出最多者,為現下內服之克列奧□丸。協定之價,千粒一圓八十錢,五百粒者一圓,乃千粒有賣至三圓以上者。甚而東京五百粒裝者一瓶只四十錢,此則二百粒裝者一瓶反六十錢,且其名為千粒者,實則七百粒內外,名為五百粒者,實則三百五十粒內外,似此純然詐欺行為。問之本島問屋不知問之製造元亦不知,其可不加相當之取扱乎。故甚

望各藥店同一其價格，取扱石油乳劑亦然，庶幾得發揮其亞于醫者之業務。」〔註10〕以及1918年由於「今次感冒猖獗，阿斯匹靈漲至二十一圓，杏仁水一磅漲至二圓以上。」〔註11〕顯示疫病爆發之時，藥品價格如同疫病爆發的熱度，跟著漲價。

　　第二種情況則是戰爭爆發，也就是包含了一次大戰、日俄戰爭和二次大戰爆發時期，二戰開始時，雖然開始實行藥品價格統制政策，仍有藥種商貪圖利益，以高價販賣藥品。這種價格上漲，藥商圖利的現象在一次大戰時期，因未實行藥品價格統制最為明顯。因為一戰時，外國受到戰爭影響，輸入之藥品材料缺乏，藥種商人又趁機囤積藥品，使得供需不平衡的現象惡化，以抬高藥品價格，使得國內藥品價格居高不下之現象。如1914年「臺灣中部因為歐洲戰亂開始之後，各藥種商之間，如藤井丸三堂、井上贊生堂、前田回春堂等藥房，在賣藥品給醫師時，看到目前藥品價格上漲的局勢，趁機調漲藥品的價格，中部醫師會認為此等作為為不正當之作為，一般的病人，因為對於藥品的需要，只能隱忍。醫師會面對這種情況，決議不向此等藥種商購買藥品，組成藥品購買組合，向日本內地購買價格合理之藥品，同時藉此向藥種商們進行交涉，藥種商們保證不再重演此類情形，才使得此次紛爭圓滿解決」。〔註12〕

　　一篇報導更詳細說明當藥品價格上漲之際，連醫師之間都因為利益問題，而產生了派系的紛爭，從此可以看出藥價除了和藥業組合有關之外，還藥品買賣有關的醫師，在面臨和本身業務有關的藥品價格問題時，同樣引起了紛爭。這主要是1914年臺北醫會針對藥價上漲的現象，醫會內部因為是否要調整藥價所產生的派系紛爭，「在市內經營的開業醫有二十二名，臺北醫會此組織，

〔註10〕　〈藥業商勿貪暴利〉，《臺灣日日新報》第6911號，大正8年（1919）9月7日，第六版。

〔註11〕　〈藥價益暴騰——感冒流行之結果〉，《臺灣日日新報》第6620號，大正7年（1918）11月24日，第五版。

〔註12〕　〈中部醫界與藥品紛爭〉，《臺灣日日新報》第5156號，大正3年（1914）10月23日，第三版。相關的報導還有：「歐洲戰亂勃發以來，藥品暴騰，如彼用為解熱劑，銷路最廣之亞斯美林，平時一磅約一圓二十錢者，今則唱至三十三四圓，約昂三十倍。其他一般解熱劑皆昂。又驅梅藥之六百六號，戰前五六圓之物，今則常在三十二三圓。又消毒用之河爾馬林，大壺三十基入一磅三十錢，唱至八十錢。石炭酸殆用盡，一磅八圓餘。其外諸藥品價格必益昂，將無所底止。據聞現今所存者，市場已稀，有轉購諸山間僻地，以圖需給之調和者云。」〈藥品益昂〉，《臺灣日日新報》第5618號，大正5年（1916）2月6日，第五版。

希望開業醫在業務上能有統一的步調和認知,且互相疏通彼此之想法,醫會會長谷口巖氏,幹事樋詰正治、阿部兵熊氏,以及其他的役員相關的紛擾至今已經圓滿的落幕。紛擾的原因,是因為世界的動亂,導致製作藥品的原物料輸入斷絕,此時正是藥品市場將藥品價格調漲的好時機,市內的開業醫便斷然執行漲價的作為,此作為是由醫會採取多數決的方式決定的,反對的一方有三名脫離臺北醫會。日本內地的醫會對於實行藥品價格調漲的想法,在開業醫之間一直不斷的在討論,故將此調漲藥品的想法,於上個月中旬醫會臨時會議中提出討論時,谷口氏以及營利的經營者為一派,斷行藥品漲價之決議,而不顧三位反對者之想法。調漲的理由是,此時臺北的藥價,和日本其他的殖民地滿州和朝鮮相比較之下,顯得低廉,故為了因應現今藥品價格的上升的時局,故調整藥價。反對者淺井政雄、角谷隆啟、山本榮喜三位的意見,則是認為這是因為和此時其他的物價比較起來,藥價才顯得較為低廉,如果現在斷然讓藥品漲價,是萬不可行的,這對於下層生活困苦的民眾而言,相當不利。現在的世界局勢,就是會有奸商趁著戰亂時期,物資短缺之際,囤積貨品,調漲價格,以獲得暴利。醫師為施行仁術之人,臺北的開業醫應該要拋開利害的關係。而不該讓谷口會長暗中操縱決議的結果」。〔註13〕

　　從以上醫會的紛爭,看見藥業從業人員,當然也包含了醫師,由於時局的影響,因為利害關係的不同,產生了派系的紛爭,也正因為產生派系的紛爭,顯示了藥品市場中,面對藥品價格問題,只有靠藥業相關組合或民間團體,使用其小部份的力量,以嘗試和藥品市場中利益的力量進行抗衡。出現於藥品價格上漲的救濟,就是教會中的臺灣人捐資救濟,1914 年輿論顯示:「新樓醫院,係英國牧師所創置,凡病人入院求治者,診斷無料,僅取藥資少許而已,生活南部民命,豈淺顯哉,該醫院用度浩繁,大半仰本國教會基本金以接濟。此際歐洲戰亂,匯兌斷絕,院中遂自十分拮据,然新樓之設,專為救世起見。遠近馳名已久,教會中人慨然樂捐,如吳純仁捐七百金,劉瑞

────────────

〔註13〕〈醫師會的內紛〉,《臺灣日日新報》第 5152 號,大正 3 年(1914)10 月 19日,第五版。有關此事件後續的發展,是「臺北醫會為藥價加增問題釀起紛擾,之後再開兩三次臨時會乃決定以初議為基準,限內服藥一日份加增二十錢,藉以維持會長和該會體面。實行時期定於 11 月 1 日以後,除此之外,更規定擴張施療的範圍,並對於下級市民特行減價,所有由官衙及公共團體,予以證明書者,各為相當醫療,以資實行醫為仁術之本旨。其紛擾遂於此解決。」《臺灣日日新報》第 5158 號,大正 3 年(1914)10 月 25 日,第三版。

山捐五十金，顏振聲捐三十金，其一般慈善家及財產家聞之，或百金，或四五十金，或二三十金，或十金八金三五金，亦皆踴躍樂捐，以資補助，聞數日間，已集有數千圓云」。〔註 14〕

第三種情況則是藥業組合的操控。如 1929 年報導顯示：「臺北藥業組合定價販賣之事，因難以徹底實行，多暗中減折賣出，組合則從面試買追究之。去二十二朝，大稻埕方面，賣藥者十數名，陰譴入到城內同組合之幹部藥店五家，以不入組合之藥店名義，或用文書，或用口頭，向其採貨，彼竟減折賣之，於是試買諸藥業者，皆大不平即時與之對質。同日晚間開調查委員會，決議徵取始末書，不日，且欲提出申明書。謂前年脫退五十餘名，自由販賣，致影響組合員不少，此事善處解決之間，欲自由販賣云。」〔註 15〕相同的情形，如 1936年「臺南藥業組合，自客月來因內臺組合員生意上之競爭，竟公然破協定價格廉賣，致組合員間，大起恐慌，雖屢經磋商，將重行約定第以組員意見紛歧，未易解決，至近已略成議，乃定來六日下午一時，假臺南警察署樓上，開臨時總會，協定價格之統一及他數事，茲事所關，市民頗深注目。蓋藥物亦生活上之必需品，自經該組某幹部，公然廣告廉賣後，從來之暴利畢現人前，今欲遽復定價，恐非易事，亦多有抱反對之意見者，當日之會議，難免詰駁。據某組合員言，市內之營藥業者，尚有漢藥種商組合，且兼賣藥，如本組合再協約定價販賣及訪問販賣廢止時，必為他同業組合，坐收漁人之利云。」〔註 16〕由此可見，藥業組合在日治時期的藥業網絡中，同醫師一樣，也扮演了藥品定價的角色，但是因為藥品市場的消費力量，往往促使藥業從業人員，無法如藥業組合所規定的價格販賣藥品。

報導披露了藥業者的暴利外，其對於消費者的問題也納入其中進行考量和討論，畢竟藥品價格過高，會影響消費者對於藥品的消費數量。如 1936 年

〔註 14〕　〈慨捐藥資〉，《臺灣日日新報》第 5149 號，大正 3 年（1914）10 月 15 日，第三版。

〔註 15〕　〈藥業組幹部違規濫賣——組員將自由販賣〉，《臺灣日日新報》第 11146 號，昭和 4 年（1929）4 月 25 日，第四版。相同的情形如「員林郡漢藥業組合，自四月十日實施公定價格以來，最近有一少部份，違背規約，不肯勵行。故自數日來，特派員到各組合員暗查，尚未發現違背者，當組合今後繼續極力取締，萬一果發現不守規約者，時斷然嚴重處罰。」〈極力取締〉，《臺灣日日新報》第 12594 號，昭和 10 年（1935）4 月 24 日，第四版。

〔註 16〕　〈臺南藥業臨時總會將重行約定價格——市民注目，組合員亦有反對〉，《臺灣日日新報》第 12999 號，昭和 11 年（1936）6 月 5 日，第八版。

「臺南藥業組合臨時總會，如既報於去六日下午一時開於臺南警署樓上。是朝先於軍人會館，開評議員會，又役員會，通過諸案重行審議。下午總會時，以角谷氏為議長，協議組合強化並販賣統制所關，及組合內規約改正諸事。是日，組員七十名中，出席者四十餘名，多有意見披露就中定價販賣，與訪問販賣中止兩案，猶多議論。蓋定價販賣，為擁護組員利益，固屬當為之事。然恐顧客未必肯任其左右，且組員中，有因經營方法不同，欲廢止訪問販賣，亦屬為難。是以曾行訪問販者七名，乃互自磋商。而定價，抑協定價販賣，決任理事會，協議制定，於是將組合內規約改正，設戒告，過怠金徵收，除名等諸罰則。除名者公表於眾，拒與交易，欠帳立時追還。協議後墻署長起訓示，略為藥價低廉，市民實受其惠，如抬高其價似非所宜，況欲以十一萬市民之犧牲，造成七十組合員之幸福，於理太說不去。而於藥品廉賣者，亦無罰則可以管束之，惟如偽造萬金油、開雲膏諸假藥，則將從嚴處罰。若由人民保健及消費者立場，猶望廉賣，以應時勢之需求云云。現雖經總會結束，然賣價未決，仍尚廉賣。據臺員一邊組員言，賣藥折頭頗優競爭既久，顧客已知所利，茲欲定價販賣，難免招客反感，況有漢藥種商，而兼賣藥者在，客或轉往購買抑求之市外，尚更低廉，則此舉恐自繩自縛云」。〔註17〕

　　而藥品價格的問題，消費者和藥業從業人員面對此問題，互動的最高潮，和最立體的實例便是 1930 年代初期（1929～1931 年）的「藥物減價運動」。〔註18〕此運動由新文協、農組和民眾黨等發起，向各地醫師、藥種商這些實際接觸病患的人交涉。由於當時藥價，對一般民眾是相當沈重的負擔。面對此種情況，影響臺灣人民患病時對於醫療方式的選擇，也就是並非必向西醫求診，這使得漢醫藥與民俗醫療仍然很盛行。當時臺灣醫藥價格昂貴反映在 1930 年8 月的輿論上，顯示了醫藥減價運動的抬頭：「現在臺灣各地的官私立醫院，除了少數的病院之外，大概的藥價是一日份大人 40 錢至 50 錢，小孩是 30 錢至 40 錢左右。和無產者醫院比起來，這些醫院所賺取的利益，想必不少。現在內地各大都市對於醫藥價的減少運動，都漸抬起頭來」。〔註19〕

〔註17〕〈臺南藥組臨時總會藥價抬高似非所宜〉，《臺灣日日新報》第 13003 號，昭和 11 年（1936）6 月 9 日，第四版。

〔註18〕可詳細參閱《臺灣民報》第 259～393 號，1929 年 5 月 5 日～1931 年 12 月 5日。

〔註19〕〈醫乃仁術？醫藥依然不降價，景況日非頻人斗苦，降價運動將抬頭了〉，《臺灣民報》第 324 號，1930 年 8 月 2 日。

　　首先就由民眾黨基隆支部首先發難，其次則是新竹、竹山等民眾黨支部與文協、農組在當地提倡醫藥減價，希望向醫界提出陳請書，以演講和組隊宣傳的方式，促使當地的醫師正視且解決醫藥價格的問題。1930 年 10 月輿論中就顯示：「竹山郡竹山文協及農組兩支部，在該郡下開始醫藥減價運動，9 月 22 日晚上在張庚申的私宅開藥價降下對策打合會，決議案有四：（一）9 月 24 日提出陳請書 39 通向郡下諸醫界求諒解。（二）委囑交涉委員 10 名。（三）組織宣傳隊（四）開藥料降價講演會」。〔註 20〕

　　故 1930 年 10 月「竹山文協及農組，有鑑於當今不景氣，西漢藥價高居不下，故於臨時會議中決議推行醫藥減價運動。對西漢藥界提出藥價減低之陳情，且與之交涉。今後更將舉辦藥價減低之演講會。」〔註 21〕在這場運動中，民眾黨、新文協和農組，言之諄諄，而醫師和藥種商的反應如何？他們又以什麼方式來解決問題呢？第一種反應是言之諄諄，聽者藐藐，醫師們以忽略和以生計為理由的方式，面對這場醫藥減價運動。如 1930 年 11 月輿論所反應的「民眾黨新竹支部於 10 月 20 日晚間執行委員會於同支部樓上。醫藥料減價運動，已首先發難於基隆，但未見成功。工友總聯盟將從事全島的運動。醫師業者雖沒有積極反對運動，但採取了馬耳東風的態度，患者又不能夠以同盟罷醫的方式對抗。即使希望醫師能夠以身作則，但是他們的藉口往往是必須要維持基本的生計。」〔註 22〕以及「各地的家主、醫師都講究對策多少皆有降下，但唯獨以臺中市為中心，彰化豐原、員林等中部一帶的醫師們，皆沒有自發降下的意思。於是臺中民眾黨支部鑑於這樣的情勢，決定召開支部委員會，討論對策，將要向中部各醫師們發出警告，提議其要實行降價」。〔註 23〕

　　第二種態度則是同意降一部份的價格，或以發放施療券的方式，意圖解決民眾黨等提出的要求。同意降一部份價錢的是 1930 年 11 月臺北市醫師會：「臺北市醫師會，對臺北區工友總聯盟的藥代降下要求僅能允降一部份，普通

〔註 20〕〈文協農組開始醫藥減價運動〉，《臺灣民報》第 334 號，1930 年 10 月 11 日。

〔註 21〕〈醫藥價格減低二成五的運動——於基隆民眾黨支部〉，《臺灣日日新報》第 10945 號，昭和 5 年（1930）10 月 4 日，第二版。

〔註 22〕〈新竹民眾黨支部的工作，醫藥減價運動，開黨員訓練會〉，《臺灣民報》第 337 號，1930 年 11 月 1 日。

〔註 23〕〈臺中醫藥不降價，民眾黨支部活躍，醫若仁術需要降價，不景況當中貧者斗苦〉，《臺灣民報》第 338 號，1930 年 11 月 8 日。

內服藥不減。」〔註24〕以及 1930 年 10 月「於基隆民眾黨支部，其針對本島人之開業醫，決議舉行醫藥減價運動。以楊元丁氏為首，採取逐戶訪問的方式，倡導醫藥價格減低二成五之主張，這使得本島人醫師會於會中提出此議題，進行討論。」〔註25〕而臺中醫師會則決議以發施療券的方式，因應此次運動，但是民眾黨員認為這種作法無法直接改善人們想要降低物價的訴求，認為這種類似施捨的施療制度，其實考驗和踐踏了人的自尊心，1930 年 11 月報導就顯示了：「15 日黃朝清和郭東周兩人拜訪臺中警察署長，表示他們醫師的立場，希望能發行施療券，但是施療券的缺點，會讓一般無產者認為這代表著窮到無可救藥的人，才要尋求的途徑，是一種考驗他人自尊的方法。」〔註26〕而 1931 年 7 月桃園的醫師除了決定減價外，也配合發出施療券：「4 日晚上 7 點各醫師在周貴卯家中開醫師會。會員共 11 名，出席者有周貴卯、吳朝旺、吳逢春、王篆、邱魏牙、張溫流、陳文慶、陳振芳、呂芳喻九名。討論藥料減價的程度和處理的方法，決定改二日份大人 80 錢和小孩 60 錢為大人 70 錢和小孩 50 錢。且對貧困者發施療券 2200 枚」。〔註27〕

　　第三者態度則是直接進行減價、免費的施療和其他活動。在這次的運動中，有不少社會人士和醫師一同合作做出實際的改善，如設置社會慈善團體，或是設立收費較為便宜的醫院，替民眾作診療的工作。〔註28〕如由醫師組成的如水社，在 1929 年便設立了附屬醫院，另外還有開業醫師和地方上的善心人士所設立的基隆博愛醫院、善心人士夥同醫師成立益生會和共濟會等團體，對民眾施行免費和低價的診療，1929 年 6 月輿論顯示：「如水社附屬醫院開

〔註24〕〈不平鳴〉，《臺灣民報》第 338 號，1930 年 11 月 8 日。

〔註25〕〈醫藥減價運動〉，《臺灣日日新報》第 10953 號，昭和 5 年（1930）10 月 20 日，第二版。

〔註26〕〈發施療券可當作是一種的減藥價嗎？對臺中醫師會的決議，民眾黨委員這樣批評〉，《臺灣民報》第 340 號，1930 年 11 月 22 日。

〔註27〕〈醫師議減藥價，兼發出施療券〉，《臺灣民報》第 372 號，1931 年 7 月 11 日。

〔註28〕輿論上所出現的，主要是醫師的反應，有關藥種商的反應較少，但仍有藥種商以退出同業組合的方式，抗議藥價過高，回應這次的運動：「臺北市內臺灣人的西藥販賣店，皆是採取自由販賣，後因受日本人組合的勸誘，大部分參加了日本人的組合。所以對於西藥的販賣，絕對不可以減價賣出否則會遭受嚴重的處罰。因此，大受臺灣人攻擊，至此次方才由漢藥業組合長陳茂通，提出退出日本人組合的議案於漢藥業大會上，得滿場一致贊成退出，七日已經提出退出聲明書，除了陳茂通外，還有 59 人退出。」〈西藥脫退組合，小賣減折售出〉，《臺灣民報》第 343 號，1930 年 12 月 13 日。

業了，置有內外各科：臺北如水社，其藥價一日份僅收七錢五厘，外用各劑十錢，該院於 5 月 30 日開院，如水社希望可為一般無產市民利用。」〔註29〕如水社在臺北設立附屬醫院後，因為民眾的反應良好，的確對於百姓的醫藥有所改善，所以又在 1930 年 5 月萬華地區設立附屬醫院：「臺北如水社增設附屬醫院，在艋舺五日開業：該社開設於大稻埕之附屬醫院，頗具成效，因此該社諸同人，再計畫於萬華歐陽光輝氏家宅，開設如水社艋舺附屬醫院，已聘臺灣醫學士王式玉，為該醫院之主任醫，於去五日已經開始業務了。據說該醫院，若是貧困之人，得有該社員、方面委員與保正之證明，都可受施療，對其他一般患者藥價也甚低廉，一日分只取七錢五厘。診察時間為早上八點至下午六點，若是急病者則不在此限」。〔註30〕

表6-1　1930 年臺北各醫院之藥價

醫　院	內用藥一日份價錢		注射費用
	大　人	小　孩	
臺北內地人醫師會	25 錢	25 錢	8 圓
臺北臺灣人醫師會	20 錢	15 錢	6～8 圓
臺北病院	20 錢	15 錢	6 圓
赤十字病院	6 錢	6 錢	4 圓 50 錢
如水社附屬醫院	7.5 錢	7.5 錢	3 圓

〔註29〕〈如水社附屬醫院開業了，置有內外各科〉，《臺灣民報》第 263 號，1929 年6 月 2 日。

〔註30〕〈臺北如水社增設附屬醫院，在艋舺五日開業〉，《臺灣民報》第 312 號，1930年 5 月 10 日。收費低廉的醫院還包括臺北赤十字醫院，報導顯示：「日本赤十字社臺灣支部醫院，設自明治三十八年，邇來外來入院者，逐年加多。至大正十二三年，似已達乎收容能方極度。入院者恆達百二十名，外來者每日六七百名，近年入院者稍加，外來者則無大差。晚近民間開業醫院，醫藥非常昂貴，如小兒二日份藥價八十錢，與常人等。視地方加貴三十錢內外。該院不論老幼，一日一種只十二錢，且得處方一種。其他頓服、手術料、電療費，又極低廉，第以利用者多，以午前短少時間，幾有應接不暇。故外來者一入斯院，至少需費一時半以上，甚至須待三四時間。小兒及老衰之人不勝其苦，於本島人因言語不通，尤覺不便，如此有益醫療機關，深望擴張設備，使之機關靈敏，發揮能力，拯救遍地瘡痍，亦務之所當急也。一患者云云。」〈臺北赤十字醫院藥價低廉需簡手續望加設備發揮〉，《臺灣日日新報》第 10338 號，昭和 4 年（1929）1 月 28 日，第四版。

| 林本源博愛醫院 | 10 錢 | 10 錢 | 4 圓 |
| 共濟醫院 | 7 錢 | 7 錢 | 3 圓 |

資料來源：〈全島各地續出的醫藥減價運動，臺北醫師會也在考慮，工友總聯盟將起運動〉，《臺灣民報》第 335 號，1930 年 10 月 18 日。

表 6-2　臺北市藥店的藥價

藥　名	定　價	批發價
中將湯	1 圓	66 錢
太田胃散	20 錢	11.2 錢
仁丹	1 圓	68 錢
大學目藥	20 錢	11.6 錢
千金丹	10 錢	4 錢
ポスピン	1 圓	56 錢
カオール	1 圓	70 錢
龍角散	1 圓	60 錢
健腦丸	1 圓	60 錢

資料來源：〈時代逆行の賣藥定價勵行，此の暴利振を見ろ，臺灣人側は脫退か〉，《臺灣民報》第 338 號，1930 年 11 月 8 日。

　　至於這些收費較為低廉的醫院，究竟和一般公立醫院的醫藥價格和藥局所販售的藥品價格相差多少，可參閱表 6-1 和表 6-2。從表 6-1 臺北各公立醫院的價格為例，可以看見收費較為低廉的醫院和公立醫院比較之下，相差了將近 3 倍之多。這裡採用公立醫院的價格，而不採用私立醫院的價格，是因為公立醫院應該是為人民服務的醫院，從其價格便可以瞭解他是否真的照顧到了人民的健康問題，較具有比較的意義。而私立醫院的設立除了生計、牟利之外，有一部份的確是為了鄉里服務，價格也不如公立醫院一致，無法建立比較的準則。表 6-1 是藥粉和藥水一日份的價錢，去看醫師，醫師會給 2 日份的藥物，也就是每回看診，若還加上注射的價錢，臺灣人在醫院最多必須要繳交 8 圓 50 錢（1 圓等於 100 錢）。從藥物減價運動發生的時間 1929 年～1931 年，來看當時的物價，1929 年民眾賴以維生的食品零售價格，以臺灣各地的物價作為價錢的範圍，和其他米類比起來較為便宜的長梗米 1 升約 19～26 錢，紅甘藷 1 斤約 3～4 錢。〔註31〕1930 年長梗米一升約 17～22 錢，紅甘

〔註31〕臺灣總督府官房調查課編，《臺灣總督府第三十三統計書》，1931 年，頁 471。

諸一斤約 2～4 錢。〔註32〕1931 年長梗米一升約 11～15 錢，紅甘諸一斤約 2
～8 錢。〔註33〕和民眾的食品價格相比，藥品的價格，對民眾而言，是一沈重
的負擔。

　　表 6-2 中，臺北市漢藥局所販售的這種以西方醫學的技術製作漢方本草為
本質的藥品之價格，也相當貴。若從批發價和實際販賣的價格比較起來，藥種
商可賺取了不少的價差。這其實直接影響了一般的民眾，在這種慈善醫院還未
設立之前，生病時根本無力尋求西醫的幫助時，只好求助於收費較為低廉的漢
藥局或是民間的秘方，也使得民間一些不合格的藥種商充斥於市面上。百姓求
助於漢藥店的情況，更可以從 1930 年 11 月報紙報導得到印證：「漢藥店近年
來獲利不少，也是眾所皆知的事情。只有漢藥是依處方而加減，並沒有一定的
標準。除了蔘茸、桂膠等高貴藥品外，普通的藥方大概是比西藥便宜得多。而
且近年來各漢藥店多有無免許的醫師，秘密為患者診脈下藥，既不接收謝儀，
又多有見效。雖多有危險，但對於無產階級的患者，或無力負擔高貴醫藥費者
有用。這也是漢藥店繁盛的原因，漢藥店除了一些高貴的藥材，多是以無產階
級為顧客」。〔註34〕

　　從以上的醫藥減價運動，雖然無法從報紙雜誌中，得知最後的結果是否完
全奏效，但從社會中某些關懷弱勢族群體的團體主導這次行動的進行，雖然無
法促成醫藥價格的全面降價，但是至少促使了藥業者和醫師能夠真正的面對
這個醫療上的缺失，議決解決的方法，為人民的健康尋求出路和改善。如果一
般的百姓力量微弱無法發聲，至少這些擁有抱負和關懷人民的個人或團體，能
夠為這種現象付出一些努力和實質的改善措施，而不是對這種人民生計的問
題視而不見。

第二節　消費者藥物使用的選擇

　　有關日治時期臺灣藥業網絡中的消費者對於藥業網絡的反應，另外一個
除了價格之外可以觀察的面向，那便是對於藥品的選擇，也就是對於西藥和漢
藥的選擇，特別是在日治時期臺灣總督府刻意發展西醫，壓抑漢醫的發展之背
景下，消費者身處於此歷史背景下，如何因應自身的狀況，而選擇不同類型的

〔註32〕臺灣總督府官房調查課編，《臺灣總督府第三十四統計書》，1932 年，頁 453。
〔註33〕臺灣總督府官房調查課編，《臺灣總督府第三十五統計書》，1933 年，頁 463。
〔註34〕〈對醫藥減價運動的批評〉，《臺灣民報》第 340 號，1930 年 11 月 22 日。

藥品。消費者對於藥品的使用，較多的資料是集中於私人日記或是家族帳冊中，可以窺知一二。故以下將分三種選擇的類型，分別為西藥型、西漢藥混合型和漢藥型，由於資料所處地域的限制，主要是針對日治時期臺灣中部私人日記和家族帳冊的內容，進行討論。西藥型之分析，以林獻堂的《灌園先生日記》作為分析的對象，而西漢藥混合型則使用張麗俊的《水竹居主人日記》和日治時期臺灣中部地區家族帳冊文書，作為分析的對象。

一、西藥型

《灌園先生日記》（時間以新曆標示，以下行文出現的時間皆以新曆為準）中的林獻堂，不只本人，就連其家族成員或朋友，遇上疾病時，都傾向採取西醫和西藥的方式進行診療。首先是有關林獻堂或其家人於日記中呈現所使用的藥品，就口服藥品的部份，多是以胃藥、止痛藥、安眠藥、治療神經痛藥品居多，這些藥品多是從藥局購買之西藥成藥類型，或是由西醫師調劑之藥，甚至是由製藥會社、私人所贈送的藥品。主要分為口服藥品、外用藥品、注射形式藥品三種，欲使林獻堂和其家人、朋友使用藥品的情況可以較為清楚。

（一）口服藥品

第一種，以口服藥品的種類作為分析，主要可以分為三類，分別是鎮痛止熱藥品、胃腸藥品、神經和呼吸系統藥品，是林獻堂和其家人、朋友較常使用的。

1. 鎮痛止熱藥品

1929 年 11 月 28 日，林獻堂因為感冒故自行服用感冒藥品，抒解發熱的症狀。即「余自十九日感冒，每日近午之時手足微冷，似將發瘧疾，服水來之藥四、五天，不見有效。水來教余入浴，午飯後服發感藥，即入浴，汗流頗多，身上略覺爽快。」〔註35〕除了林獻堂之外，其子林猶龍於 1927 年 7 月 1 日也因為發燒，服用了阿司匹靈退燒，即「午後猶龍發熱三十九餘度，服アスピリン（阿司匹靈），至晚熱稍退。」〔註36〕除了阿司匹靈之外，還有另外一種解熱藥的服用，如 1934 年 12 月 24 日，林獻堂因為「寒熱不復發，昨日改服プラスモヒン錠（解熱劑）四粒，比服水來之キニネ（奎寧）粉頗為有效」。〔註37〕不

〔註35〕《灌園先生日記》（二），昭和 4 年（1929）新 11 月 28 日，頁 328。
〔註36〕《灌園先生日記》（一），昭和 2 年（1927）新 7 月 1 日，頁 137。
〔註37〕《灌園先生日記》（七），昭和 9 年（1934）新 12 月 24 日，頁 471。

只感冒發燒就連身體疼痛時，解熱止痛藥阿司匹靈，又成為林獻堂常服用的藥品，如 1931 年 5 月 14 日，林獻堂因為「齲齒微痛，自昨晚至今，夜服アスピリン一錠，痛止方得安眠。」〔註38〕還有，1933 年 6 月 30 日，林獻堂於「午餐後服アスピリン一錠，假寐片刻，今朝受著涼風之頭眩遂愈。」〔註 39〕頭痛藥的服用，還有 1937 年 9 月 20 日，林獻堂服用「ミグレミン〔註40〕頭痛藥，昨日天成教余服此，昨夜服兩錠，今朝服一錠，午後二時餘腹微不快，再通便一次，稍覺頭上輕快，夜再服一錠。」〔註 41〕

綜合以上，林獻堂除了尋求醫師的診療，其個人或是其家人遇上身體臨時的不舒服之時，自行服用的藥品，最常被應用的藥品就是阿司匹靈，這一種鎮痛止熱藥劑，在日記中所呈現其服藥的個人歷程中，最常被他自行用來解決身體病痛之用，如發燒發熱、牙痛、腹痛、手腳疼痛以及頭痛等。

2. 胃腸藥品

另外一種林獻堂口服的藥品，便是胃腸藥品。服用的情況，除了胃腸機能出問題之外，如 1927 年 6 月 24 日，由於林獻堂「三時半腹痛，服胃藥及止痛之藥。」〔註 42〕在服用其他藥品進行治療，因為擔心會對胃腸造成損害，也會服用胃藥，如 1937 年 9 月 26 日，「天成、關關來，余近日服頭眩之藥，天成恐有礙腸胃，並帶胃藥來。」〔註 43〕而另外一種腸胃藥，則是針對當時寄生於胃腸的寄生蟲病，所生產的藥品。1938 年 11 月 13 日林獻堂在東京探病的例子，「余與成章由池袋乘タクシ一至慶應義塾醫院看愛子，她亦十日入院治療十二指腸蟲也。本朝始服治蟲之藥，前兩日檢便而已，再二、三日便可退院云。」〔註 44〕可以看見藥品界對於寄生蟲病，已經研發了能夠有效治療的藥品，如此才能促使病患在短時間內恢復健康，出院繼續過正常的生活。

3. 神經和呼吸系統藥品

第三種藥品為神經和呼吸系統藥品，是林獻堂除了鎮痛止熱藥品之外，服

〔註38〕《灌園先生日記》（四），昭和 6 年（1931）新 5 月 14 日，頁 154。
〔註39〕《灌園先生日記》（六），昭和 8 年（1933）新 6 月 30 日，頁 256。
〔註40〕Migranin 德文，解熱、鎮靜劑之一種。轉引自《灌園先生日記》（九），昭和 12 年（1937）新 9 月 20 日，頁 33。
〔註41〕《灌園先生日記》（九），昭和 12 年（1937）新 9 月 20 日，頁 333。
〔註42〕《灌園先生日記》（一），昭和 2 年（1927）新 6 月 24 日，頁 133。
〔註43〕《灌園先生日記》（九），昭和 12 年（1937）新 9 月 26 日，頁 339。
〔註44〕《灌園先生日記》（十），昭和 13 年（1938）新 11 月 13 日，頁 292。

藥次數最多的藥品。他自行服用最多次的神經系統藥品，就是安眠藥，當他晚上欲入寢時，感覺精神興奮無法入眠時，如 1929 年 6 月 4 日林獻堂「夜因精神興奮不寐，服催眠藥乃得睡去。」〔註 45〕或是身體有疼痛無法安眠時，安眠藥和鎮靜劑的服用，就成為他入眠的絕佳工具，如昭和 5 年（1930）7 月 24 日，「近八時雷雨驟至，閉戶就寢，將入熟睡之時，兩肩起一種之疼痛，昨宵亦然，乃起服アダンリ〔註 46〕二錠，方得安睡。」〔註 47〕另外一種神經系統藥品，主要是用來治療林獻堂頭眩的毛病，如 1929 年 12 月 2 日林獻堂由於「服水來感冒之藥無效，推究其故，想必是頭眩而血集注於腦，以致手足微冷，亦未可知。請水來來以告之，囑其調安定神經之劑。」〔註 48〕他所服用的神經系統藥品中，如健腦丸等藥品，絕大多數都是用來治療他頭眩的問題，如 1937 年 9 月 19 日，林獻堂因「今朝為第三次頭眩，皆在睡醒未起床之時，比十四日稍輕，通便後，服健腦丸九粒，再休息一時餘，已減去十之七八矣」〔註 49〕和 1940 年 5 月 19 日「昨晚服健腦丸十五粒，今朝服十二粒，今夜服十粒，計通便三次，眩亦稍愈。」〔註 50〕可見林獻堂有長期服用健腦丸的習慣。

　　神經系統的藥品，就是用於治療林獻堂的風濕和關節炎症狀，如 1932 年 9 月 22 日，林獻堂於「昨日起服ヨヂロール三回，此藥專治レウマチス（關節炎）神經痛諸病，今朝頗覺好睡，九時餘復再假寐。」〔註 51〕和 1939 年 5 月 11 日，「彰銀津田勸余服ネオスエ，可治關節炎、動脈硬化、不眠、胃擴張諸症，自二月起至本月三日或服或停，已用二百粒矣。本日再購二百粒，以百粒贈瑞騰，因他亦患腰痛也。余自服藥，於腰疼、頭眩已覺稍愈，想再服三百粒當能全愈。」〔註 52〕抑或是心臟出了問題，如 1939 年 2 月 19 日林獻堂於「九時餘突然心臟暴跳，初以為片刻即愈，十時餘歸來，仍不止，服セダ

〔註 45〕《灌園先生日記》（二），昭和 4 年（1929）新 6 月 4 日，頁 162。

〔註 46〕醫藥名，Adilin。適用症狀包括官能性精神病、失眠、神經性心悸亢進、神經性痙攣、憂鬱症、興奮、氣喘等。此藥溫和無副作用，可作為安眠藥或鎮靜劑。參見西川野方著，《內科診療の實際》（東京：正文社，1923 年），頁 204。轉引自《灌園先生日記》（三），昭和 5 年（1930）新 7 月 24 日，頁 245。

〔註 47〕《灌園先生日記》（三），昭和 5 年（1930）新 7 月 24 日，頁 245。

〔註 48〕《灌園先生日記》（二），昭和 4 年（1929）新 12 月 2 日，頁 332。

〔註 49〕《灌園先生日記》（九），昭和 12 年（1937）新 9 月 19 日，頁 332。

〔註 50〕《灌園先生日記》（十二），昭和 15 年（1940）新 5 月 19 日，頁 145。

〔註 51〕《灌園先生日記》（五），昭和 7 年（1932）新 9 月 22 日，頁 392。

〔註 52〕《灌園先生日記》（十一），昭和 14 年（1939）新 5 月 11 日，頁 44。

ロン三錠即就寢。」〔註53〕

　　以上這些藥品除了醫師所開的處方或是自行購買的成藥，另外一部份就是製藥會社的藥品，在此處，林獻堂有服用萬有製藥會社所製造治療神經痛的藥品，如1940年1月26日，「水龍七時餘取萬有製藥會社所製之ギトーザン，〔註54〕能止神經痛，請余服之，乃服二錠。」〔註55〕因為其親友和萬有製藥會社有所交際或是有業務上的往來，故取得藥品服用。如林獻堂早在1938年7月22日的日記內容中，便有記載：「水龍請余修改其翻譯ビタビン（維他命）之萬有製藥漢文廣告，近十時他仍往宿ホテル，因無被之故也。」〔註56〕故推測，其親友和萬有製藥會社有交際往來。

　　和會社有關的藥品，還有呼吸系統的藥品，如會社贈送之肺炎的藥品，1934年2月13日，「坂本素魯哉持瓦斯會社之定款來請余蓋章，並贈余肺炎藥丸一瓶。」〔註57〕於此可以看見，製藥業者的藥品，既之前的萬有製藥會社，又以交際的方式，流通至消費者的手中。可以發現，日治時期臺灣藥業網絡中的消費者，不一定會透過直接至藥局購買獲得藥品，製藥業者也會透過交際的手段，作為禮品，將藥品送至消費者的手中。而在此處口服的藥品中，林獻堂主要會以錠狀或粒狀來顯示藥品所呈現的固體形式，故他服用的藥品多為固體的藥品形式，比較少如以下出現的藥水的藥品形式。

（二）外用藥品

　　此處林獻堂所使用的外用藥品，主要是藥膏、藥水、吸入式藥劑、坐藥。吸入式藥劑的使用，如1937年1月1日，「喉嚨不佳，就寢前再吸入カンフオルミン三回。」〔註58〕林獻堂也因為皮膚的問題，使用西藥外用藥膏，如1938年7月27日，林獻堂因「自二十三夜面上發生一種之皮膚病，視之不甚白，常感如被蚊所刺，夜中尤甚，不得安眠，塗之以オロル、ベ（メ）ンソレ

〔註53〕《灌園先生日記》（十一），昭和14年（1939）新2月19日，頁85。
〔註54〕ギトーザン：Gitosan，新藥（風濕、神經痛劑）別名。治療病症：痛風、肌肉及關節風濕、神經痛、淋毒性關節炎、偏頭痛、腰痛、以及起於其他尿酸代謝機能不全的各種疾病。本藥劑由萬有製藥股份公司製造。參見藥學大辭典編纂所編輯，《藥學大辭典（第三卷）》（東京市：非凡閣，1936年〜1937年），頁105。轉引自《灌園先生日記》（十二），昭和15年（1940）新1月26日，頁38。
〔註55〕《灌園先生日記》（十二），昭和15年（1940）新1月26日，頁38。
〔註56〕《灌園先生日記》（十），昭和13年（1938）新10月22日，頁270。
〔註57〕《灌園先生日記》（七），昭和9年（1934）新2月13日，頁66。
〔註58〕《灌園先生日記》（九），昭和12年（1937）新1月1日，頁1。

（一）タン（ム）〔註59〕不甚有效，成章言試洗以鹽水，計洗四次，刺痛略為輕減，夜來頗得安眠。」〔註60〕以及因為痔瘡的問題，使用坐藥，如 1938年 1 月 20 日，「天成三時餘來，告以痔疾，他言用アリヘミン坐藥。」〔註61〕林獻堂除了使用西藥外用藥膏治療疾病之外，只要是對疾病症狀有所幫助的外用藥品，即使是漢藥，林獻堂也都願意使用，如 1940 年 1 月 19 日林獻堂使用了漢藥外用藥膏，「晚來左腿約有二寸餘長之神經時起微痛，雖山本按摩（第十六回）亦不能止，七時餘乃塗湧泉膏〔註62〕」。〔註63〕

（三）注射形式藥品

注射型式的藥品，是林獻堂在接受西醫治療時，最常使用的接受藥品形式。除了配合口服和外用的藥品，同時還會配合注射，以對病情進行治療。其注射的藥品共分為三類，主要是神經系統藥品，葡萄糖、安眠藥品、胃腸藥，鎮痛解熱藥品、消炎藥品、賀爾蒙。

1. 神經系統藥品

就林獻堂所注射的藥品中，有關神經系統的藥品是最多的，林獻堂似乎一直有腰痛、關節炎等坐骨神經類的問題，這似乎連帶影響他身體其他部位也受到影響，包含了頭痛或是四肢疼痛的問題，所以一直需要西醫以注射的方式，為他止痛和治療。林獻堂所注射的神經系統的藥品，包含了ノ（チ）ノバルギン、トリパフエラウイン、カンポリジン、ヤトレンカゼイン、テトロドトキシン、オプタルソン〔註64〕、チパ（バ）ルギン、チバアルギン、テトロドキシン〔註65〕、ヨトカルシュム、トレシタール、アトフアニール、カンポリニ

〔註59〕 為 Mentholatum，外傷用治療、燒傷之藥，為一般家庭用軟膏，應為面速力達母。轉引自《灌園先生日記》（十），昭和 13 年（1938）新 7 月 27 日，頁 181～182。

〔註60〕 《灌園先生日記》（十），昭和 13 年（1938）新 7 月 27 日，頁 181～182。

〔註61〕 《灌園先生日記》（十），昭和 13 年（1938）新 1 月 20 日，頁 25。

〔註62〕 湧泉膏：漢藥驗方，治療咳嗽、痰喘氣急、手腳麻木、腰腳軟弱、肚腹受寒。參見謝觀，《中國醫學大辭典》（上海市：商務印書館，1921 年），頁 2960。轉引自《灌園先生日記》（十二），昭和 15 年（1940）新 1 月 19 日，頁 28。

〔註63〕 《灌園先生日記》（十二），昭和 15 年（1940）新 1 月 19 日，頁 28。

〔註64〕 醫藥名，Optarson。其 1.cc 的成分＝亞砒酸 0.004mg、硝酸 0.001mg、Storykirin 0.004mg。主治病症為貧血、神經衰弱、結核（恢復初期）。使用方式是兩天一次皮下注射。此藥小量尚為良藥，過量為毒劑；但又非特效藥。參見西川野方，《內科診療の實際》，1923 年，頁 313。轉引自《灌園先生日記》（三），昭和 15 年（1940）新 1 月 19 日，頁 351。

〔註65〕 テトロドキシン：Tetrodotoxin，是指河豚的卵巢或肝臟中的麻痺性毒素，但

ン、オムナヂン、トリフアフラビン等 15 種藥品，而其接受注射的歷程由昭和 4 年（1929）～昭和 10 年（1935），則如表 6-3 所示。

表 6-3　《灌園先生日記》中神經系統注射藥品使用紀錄

日　　期	內　　容
昭和 4 年（1929）新 6 月 5 日～新 6 月 16 日	受施純錠共五回注射ノ（チ）ノバルギン。
昭和 4 年（1929）新 6 月 16 日	施純錠為余注射ノ（チ）バルギン五回，不見功效，本日換注射トリパフエラウイン。計六回注射。〔註 66〕
昭和 4 年（1929）新 10 月 29 日～新 11 月 3 日	第一回注射カンポリジン，共注射五回。
昭和 4 年（1929）新 11 月 15 日～新 11 月 21 日	注射ヤトレンカゼイン，共注射三回。
昭和 5 年（1930）新 3 月 11 日～新 3 月 16 日	受施純錠注射テトロドトキシン，共六回。
昭和 5 年（1930）新 10 月 19 日～新 10 月 29 日	受春懷注射オプタルソン，共注射六回。
昭和 6 年（1931）新 11 月 19 日～新 12 月 2 日	四、五日來腿頭疼痛，艱於行路，今朝又加之左臂疼痛，乃喚春懷來為余注射チバアルギン。共注射七回。
昭和 7 年（1932）新 1 月 7 日	第一回注射チパ（バ）ルギン。余有腰疼之疾，去年十一月注射チバアルギン，足痛雖愈而腰疼無效；十二月又注射テトロドキシン，仍無見效；午後再喚春懷來注射ノバルギン。
昭和 7 年（1932）新 2 月 15 日	純錠為余注射腰疼之藥トリパフラヴイン。
昭和 7 年（1932）新 2 月 29 日	余注射トリパフラヴイン五回無大見效，今日純錠改換注射クリオビン，注射數時間後稍覺微痛。
昭和 7 年（1932）新 6 月 26 日	次到純錠處，余因關節炎，天成謂注射ラカルノール或者有效，遂囑純錠注射。〔註 67〕

若很少用而用極微量的話可以治療關節痛或神經痛。轉引自《灌園先生日記》（三），昭和 15 年（1940）新 1 月 19 日，頁 81。
〔註 66〕自新六月五日開始，共注射九回，至新六月二十四日（舊五月十八日）。
〔註 67〕共注射七回，至新七月三十一日（舊六月二十八日）。

昭和 7 年（1932）新 8 月 27 日	右足之痛在於坐骨旁近肛門處之骨，去年在大肚山打ゴルフ跌倒，其痛處略同，春懷為余注射チバアルギン十回方始全治，乃急修書喚張梗來注射。培火謂張梗不行醫已多年矣，欲使其注射靜脈恐有未妥。他遂代余往喚邱德金。培火、邱德金亦至，則施注射チバアルギン。〔註68〕
昭和 7 年（1932）新 12 月 30 日	七時餘春懷來，為余注射ヨトカルシュム，〔註69〕因腰痛也。
昭和 8 年（1933）新 4 月 23 日	春懷為余注射ヨウトカルシュム，〔註70〕因腰間腿頭之疼也。
昭和 8 年（1933）新 6 月 16 日	第一回純錠注射トレシタール。〔註71〕
昭和 8 年（1933）新 7 月 28 日	四時餘春懷為余注射アトフアニール，〔註72〕因腰疼也。
昭和 9 年（1934）新 8 月 30 日	陳西庚為余注射カンポリニン以治療腰疼。〔註73〕
昭和 10 年（1935）新 3 月 7 日	春懷為余注射オムナヂン，治根（筋）肉之ロイマチス（Rheumatism 風濕）〔註74〕也。
昭和 10 年（1935）新 3 月 23 日	（韓）石泉告余筋骨疼痛注射トリフアフラビン可愈，晚使西庚為余注射。〔註75〕

2. 葡萄糖、安眠藥品、胃腸藥

　　另外一種林獻堂會接受的注射藥品，便是提供營養的葡萄糖或胃腸藥品，如 1939 年 2 月 20 日，林獻堂因為「夜來頗好安眠，然心臟之暴跳比昨夜更甚，幸無他種之苦痛。十時餘西庚來診察，已安靜矣，他惟注射葡萄糖及胃腸之藥而已。」〔註76〕或是為了解決他因為身體疼痛造成失眠問題的睡眠劑，如 1939 年 9 月 28 日，「木村四時餘來，略為診察即去，夜飯田再以バンソーコー（ばんそうこう，絆創膏，白色藥用繃帶）裹足掌，以鐵鉤繫錘掛於遮風，使不能轉動，而折骨之處並不塗藥，亦不服藥，惟靜脈注射葡萄糖及注

〔註68〕共注射十回，至新九月十一日（舊八月十一日）。
〔註69〕共注射二回，至新一月二日（舊十二月七日）。
〔註70〕共注射四回，至新五月一日（舊四月七日）。
〔註71〕共注射六回，至新六月二十六日（舊閏五月四日）。
〔註72〕共注射四回，至新八月十八日（舊六月二十七日）。
〔註73〕共注射四回，至新九月三日（舊七月二十五日）。
〔註74〕共注射五回，至新三月十日（舊二月六日）。
〔註75〕共注射九回，至新四月十五日（舊三月十三日）。
〔註76〕《灌園先生日記》（十一），昭和 14 年（1939）新 2 月 20 日，頁 83。

射睡眠劑而已〔註77〕」。〔註78〕

3. 鎮痛解熱藥品、消炎藥品、賀爾蒙

另外一種林獻堂所接受的注射藥品為鎮痛解熱的藥品，主要是為了解決身體疼痛或是感冒所引發的發熱不適狀態，配合內服藥品和外用藥水（藥膏），加上注射而快速獲得抒解，如 1935 年 6 月 24 日，因為林獻堂背痛，「陳西庚為余注射背痛，注射後敢畏風。」〔註79〕和 1937 年 1 月 7 日林獻堂因為感冒，「喉嚨微痛又兼咳嗽，欲往臺中鈴木醫院診察。鈴木為余診察，言發炎頗劇，未知有及於氣管否，當使內科專門診察為妥。抹藥後即返霧峰，受水來診察，據云氣管亦微有炎，使余服藥水。春懷四時餘來抹藥，八時餘又來為余注射，幸無咳嗽而得安眠」。〔註80〕

最後一種林獻堂所使用的注射藥品，為消炎藥品以及調整其器官活動的賀爾蒙，以解決他因為疾病或是年紀的因素，而導致身體體力機能、健康不佳的狀態。消炎藥品的部份，如 1929 年 10 月 14 日，林獻堂因為腎臟問題，而使「施純錠為余注射トリパフラウイン，因小便有波（泡沫），恐是腎臟或膀胱有疾。」〔註81〕和 1934 年 11 月 12 日，林獻堂因為腰疼問題，而使「春懷為

〔註77〕 起因是新九月二十六日（舊八月十四日）林往日本劇場觀劇，出門時滑倒，導致左足骨折。飯田於新九月二十九日（舊八月十七日）進行第二回靜脈注射，並灌腸通便；新九月三十日（舊八月十八日）第三回靜脈注射；新十月一日（舊八月十九日）第四回靜脈注射、灌腸與服催眠劑；新十月二日（舊八月二十日）第五回靜脈注射；新十月三日（舊八月二十一日）第六回注射、灌腸；新十月四日（舊八月二十二日）第七回注射，且換バンソーコー並注射催眠劑。此日起每日服二分之二仙膠；新十月五日（舊八月二十三日）第八回注射、灌腸；新十月六日（舊八月二十四日）第九回靜脈注射，夜間不注射止痛劑，惟服催眠劑而已；新十月七日（舊八月二十五日）第十回注射、灌腸；新十月十日（舊八月二十八日）第十一次靜脈注射；新十月十二日（舊八月三十日）第十二次靜脈注射；新十月十三日（舊九月朔日）第十三次靜脈注射，灌腸通便。新十月十六日（舊九月四日）第十四次注射；新十月十七日（舊九月五日）第十五次注射、灌腸；新十月十九日（舊九月七日）第十六次注射、灌腸；新十月二十日（舊九月八日）第十七次注射、灌腸；新十月二十一日（舊九月九日）第十八次注射；新十月二十二日（舊九月十日）第十九次注射、灌腸；新十月二十三日（舊九月十一日）第二十次注射；新十月二十四日（舊九月十二日）第二十一次注射、灌腸；新十月二十五日（舊九月十三日）第二十二次注射。

〔註78〕 《灌園先生日記》（十一），昭和 14 年（1939）新 9 月 28 日，頁 346。

〔註79〕 《灌園先生日記》（八），昭和 10 年（1935）新 6 月 24 日，頁 221。

〔註80〕 《灌園先生日記》（九），昭和 12 年（1937）新 1 月 7 日，頁 10。

〔註81〕 《灌園先生日記》（二），昭和 4 年（1929）新 10 月 14 日，頁 284。

注射ホルモン，〔註82〕因腰疼也」。〔註83〕

藉由以上針對林獻堂於口服藥品、外用藥品和注射藥品三種者攝取藥品的方式，除了可以看見製藥業者所製作的藥品，如何透過醫師、消費者自行購買或贈送等管道，取得藥品，然後針對病症，進行服用和解決病痛。可顯現了他對於藥品治療疾病的功效性的要求，一旦藥品無法解決他的問題，他就會立即更換醫師診療，換別種處方服用，顯示了他作為消費者在做消費選擇時的積極性質。藉由對日記的觀察，看見消費者服藥的過程，建立起個人的疾病和醫療史，在林獻堂一生的服藥過程中，從其日記中，可以觀察到他深為脊髓神經系統疾病所苦，除了常有頭昏、頭痛、腰痛、四肢疼痛的問題外，也常有失眠的困擾，必須要服用或施打安眠藥的方式才能夠入睡。

他有神經性疾病的困擾，也可從他親友有此疾病看見。如其日記所記載的，1933年3月26日時，因「惟資彬〔註84〕之神經痛尚未痊癒，問之澄清，據言為黴毒性，而神經稍有錯亂，蓋為服鎮痛催眠劑之反應也。若然，可以無慮。」〔註85〕3月31日時，「惟資彬病甚劇，左腳不能伸縮而又兼精神昏亂，據澄清言精神昏亂為服鎮靜劑之故也，而素貞、薄燕、月波甚憂之，請澄清來為診察。」〔註86〕最後病情的演變結果是，在4月12日時，「素貞來，言資彬之病，辻守昌、澄清兩博士皆診斷為急性之神經病，需要絕對靜養，若一個月後不能痊癒，則恐變為慢性矣」。〔註87〕林資彬因為有神經系統的問題，需常服用鎮痛催眠的藥品，才能抒解，但服用鎮痛催眠藥劑也造成了他神經錯亂的副作用，這是在林獻堂的服藥歷程中所未見到的問題，也就是藥品的副作用。反而是藉由他紀錄周圍親友的疾病和服藥的歷程中，顯現了藥品作為一種治療疾病的物品，同時也會存在副作用這種現象。也許林獻堂在服用藥品的過程中，的確有出現過副作用，但都一直被視為神經系統疾病的

〔註82〕 ホルボン：ホルモン，hormone，荷爾蒙，由內分泌腺所分泌，用來調整器官活動的物質。共注射二回，至新十一月十三日（舊十月七日）。轉引自《灌園先生日記》（七），昭和9年（1934）新11月12日，頁429。
〔註83〕《灌園先生日記》（七），昭和9年（1934）新11月12日，頁429。
〔註84〕 林資彬：明治33年3月26日生，為霧峰林家林輯堂長男，為林獻堂的堂弟，曾任宏業株式會社社長、大東信託株式會社取締役、臺灣新民報社取締役等職務，住址在臺中州大屯郡霧峰庄霧峰247。參見林進發編著，《臺灣官紳年鑑》（臺北：民眾公論社，1933年），頁616。
〔註85〕《灌園先生日記》（六），昭和8年（1933）新3月26日，頁122。
〔註86〕《灌園先生日記》（六），昭和8年（1933）新3月31日，頁115。
〔註87〕《灌園先生日記》（六），昭和8年（1933）新4月12日，頁150。

症狀，而沒有被特別紀錄下來。

二、西漢藥混用型

　　有關日治時期臺灣藥業網絡中的消費者，使用藥物的選擇，也不乏另外一種類型，那便是西藥和漢藥混用型。日治時期臺灣的報紙，一篇 1929 年名為「漢藥消費──1 年 500 萬圓多採自川粵」之報導說明了「年來本島內臺人西醫開業者日增，漢方醫師漸減，病人多趨於西藥，雖然生齒日繁，生計日迫，而西藥奇貴，中人以下難得醫，以故服用漢藥者仍夥。臺灣本年中向中華採購藥材，價達三百萬圓。若以關稅合算之，當不下五百萬圓。所辦藥品，廣東、廣西二省佔多。四川所產多滋補君臣之高價藥。大抵寒帶出涼劑，熱帶出燥劑。臺北 1 年間消費 200 餘萬圓，十中六七轉售地方云。」〔註88〕顯示在西藥流通甚多的情形下，仍有消費者會選擇漢藥作為治療的藥品。即使臺灣總督府一直以西醫的發展為主，刻意壓抑漢醫，但是消費者對於漢藥品的需求，並沒有因為政策使然而完全斷絕使用漢藥。

　　最典型的代表，就是《水竹居主人日記》（日記時間主要以舊曆標示，以下行文將以舊曆的時間標示）的主人翁臺中豐原的地主張麗俊，不只他本人，連他的家人，在生病時，對於藥品的選擇，都顯示了其西漢藥混用的傾向。另外有一批家族帳冊也顯示了其家族成員對於西漢藥品混用的傾向。以下便針對日記所展現的內容，顯現其面對疾病時，使用和選擇藥品的狀態。此處，將以個人疾病歷程的方式，呈現消費者用藥的習慣，不同於以上在分析林獻堂用藥選擇時，以藥品的名稱和屬性作為分類討論。因為在此日記中，所呈現的藥品，只能看出西藥抑或是漢藥，無法看出藥品實際能夠治療的效能。故改以個人疾病的歷程，以時間先後排序，觀察其西漢藥混用的狀態。在其日記之中，有記載的人物，其中有完整疾病和用藥史的人，除了張麗俊本人，還有他的母親林氏盡、七子世寧和張麗俊的妻子何氏燕。

（一）張麗俊的母親──林氏盡

　　張麗俊的母親林氏盡，在《水竹居主人日記》中，出現了眼花、腹痛、頭眩等症狀，多由張麗俊或托其子女至漢藥房，請求漢醫診視後，開處方給予其母親服用。以明治 44 年（1911）10 月的病情為例，10 月 4 日時，張麗俊「仍

〔註88〕〈漢藥消費一年五百萬圓多採自川粵〉，《臺灣日日新報》第 10659 號，昭和 4 年（1929）12 月 19 日，第四版。

往墩，詢謝先生藥方與母親服，因腹痛故也。入夜，痛尤甚，又令清漣往請林式新來診視，再服二陳加後，嘔些少水，痛乃止。」〔註89〕10 月 6 日時，張麗俊因為「清晨母親腹邊又發痛，往墩再請林式新來診察，嫌脈沈澀，遂並往墩詢謝先生當用何方。彼言宜用當歸、四逆加莫茱，或用進退黃連湯云。午后，仍往，回時請安，母親言痛依然，且嫌藥苦，不肯服，因婉勸乃服。入夜，痛乃止。」〔註90〕林氏盡因為腹痛的緣故，先服用二陳加，但因為隔天病情並沒有好轉，故又再服用當歸、四逆加莫茱，或用進退黃連湯等漢藥品。

　　大正 4 年（1915）5 月又因為腹痛的緣故，求助於漢醫，但因為病情一直沒有好轉，故轉而求助於西醫，使用滑腸藥水和灌腸器，助其通便，以抒解其腹痛。如 5 月 22 日時，張麗俊因為「母親腹痛仍難堪，因數日大便不通，恐因此作痛，又無可如何，不得已令世垣往墩向錦昌持滑腸藥水並灌腸器來。晚飯後，將此藥水濺入大腸，轉瞬間，即下便少許，而糞頭下一員，比米員較大，色黑而堅，故致大便數日不通，以此致痛理無可疑，但下便後痛仍不止，恐尚有積滯，又再灌一番，只下些粘穢並灌入藥水而已，至九時，痛止酣眠，余亦暗喜而寢。」〔註91〕之後則服用瀉鹽和藥粉，接續治療，如 5 月 23 日時，張麗俊因為「因母親今朝腹又發痛，甚是難堪，令清漣往墩問漢醫劉國標藥方服，仍無甚見效，表姊何氏畏為之西風亦無效。及午冒雨邀錦昌，欲為注射，來云此老人不甚注射，無已，用瀉鹽以清大腸毒火，定必取效。午飯畢仍冒雨取劑，未歸即下大便頗多，色赤黑而質粘，痛仍未止，又將瀉鹽服下，晚飯後，痛乃停而寢。」〔註92〕

　　後來的病情發展，已經可以通便，但確有腹瀉的症狀，除了服用西式藥粉，張麗俊更向求本庄三府王爺出乩服藥和往上南坑福德祠祈求靈丹，向民間宗教求助，可說是方法用盡，只求母親病癒，如 5 月 24 日時，「入夜母親依然安寢。是朝，清漣延文進來診視服藥，又問本庄三府王爺出乩服藥，又令世垣通知表兄林獅、表弟林順治，大是忙碌焉。」〔註93〕和 6 月 16 日，張麗俊「往上南坑福德祠祈求靈丹與母親服。」〔註94〕到了同年 7 月份，病情

〔註89〕《水竹居主人日記》（三），明治 44 年（1911）10 月 4 日，頁 140。
〔註90〕《水竹居主人日記》（三），明治 44 年（1911）10 月 6 日，頁 141。
〔註91〕《水竹居主人日記》（四），大正 4 年（1915）5 月 22 日，頁 204。
〔註92〕《水竹居主人日記》（四），大正 4 年（1915）5 月 23 日，頁 205。
〔註93〕《水竹居主人日記》（四），大正 4 年（1915）5 月 24 日，頁 205。
〔註94〕《水竹居主人日記》（四），大正 4 年（1915）6 月 16 日，頁 213。

似乎有好轉的跡象，張麗俊接下來繼續求助於漢醫藥品，如 7 月 24 日「晴陰天，午前，母親身雖弗豫，尚出堂中坐，令世垣往請醫師劉國標再來診察，開一方天王保心丹，遂仝他往墩到組合，近午歸。」〔註95〕和 7 月 29 日時，張麗俊於「午后再往詢劉國標取方二陳加與母親服，未晚歸。」〔註96〕張麗俊讓母親服用了天王保心丹、二陳加。張麗俊的母親這種西漢藥混用的情形，直到其母親大正 7 年（1918）9 月 10 日過世為止。

（二）七子世寧（幼殤）

在張麗俊的日記中所提及的七子世寧，因為大正 2 年（1913）7 月至 9 月 19 日這場疾病而過世，但是提及其病狀的部份並不多，但可以猜測應是肺部的問題。在這場疾病中，張麗俊照例先向漢醫求助，求取藥方讓世寧服用，1913 年 2 月 27 日，「令清漣請醫師黃開章〔註97〕來診察世寧，因到他店中相商處方，他言上焦火盛，下元無火，故口渴而小便清白，宜開理中湯加瓜婁焉，清漣持藥歸。」〔註98〕張麗俊讓其子世寧服用了理中湯加瓜婁。但病情一直未見好轉，反而更為沈重，除了焚香求神，向西醫袁錦昌〔註99〕求診，連錦昌表明世寧是因為肺被痰束住故難以醫治，只開給定神劑給予世寧服用。〔註100〕由於病情一直沒有好轉，7 月 30 日張麗俊又向漢醫求取五苓方讓世寧煎服之。在同一天，張麗俊心急如焚，故又令其子張清漣再請漢醫賴胚，〔註101〕先將藥粉泡水沖泡後讓世寧飲用，賴胚診察的結果，言肺邪伏發熱，故將紫雪丹混合竹瀝水和童小便讓世寧服下，又將藥粉按焚油封住世寧的肚臍，又將鴛鴦塗按雞蛋清糊心屈下（心窩下）並頭心（額頭中間），又調劑服之。

〔註95〕《水竹居主人日記》（四），大正 4 年（1915）7 月 24 日，頁 229。

〔註96〕《水竹居主人日記》（四），大正 4 年（1915）7 月 29 日，頁 230。

〔註97〕黃開章：為醫師，住址在葫蘆墩支廳棟東上堡葫蘆墩街。參見臺南新報社編，《南部臺灣紳士錄》（臺南：編者，1907 年），頁 449。

〔註98〕《水竹居主人日記》（三），大正 2 年（1913）7 月 27 日，頁 403。

〔註99〕袁錦昌：明治 25 年 7 月 30 日生，經歷為臺中廳警察醫務囑託、麻剌里亞病防遏豫防事務囑託，為張麗俊大女婿，臺灣總督府醫學校第十屆畢業生，畢業後自行開業。參見，《臺灣人物誌》（臺北：谷澤書店，1916 年），頁 128。

〔註100〕即「晴天，世寧病甚危篤，令清漣速請西醫謝秋湟來診察，即回調劑。入夜十時，則見世寧病寔危甚，諒無生理，因焚香告辭列為神祇，令清波仝水連往墩邀錦昌來診察，言肺被痰束住甚難醫治，只以定神劑次服之。」《水竹居主人日記》（三），大正 2 年（1913）7 月 29 日，頁 404。

〔註101〕賴胚：為醫師、葯舖主，住址在棟東上堡葫蘆墩街。參見臺南新報社編，《南部臺灣紳士錄》，頁 447。

在 1913 年 7 月 30 日的日記內容中的展現了張麗俊的焦急,「見世寧仍在危急中,毫無可如何,虔備香案當空祈求神祇,擲筶並無一聖。早飯畢,令清漣往墩速請醫師歸,只詢謝頌臣先生所開五苓方煎服之,仍罔效。令清漣再請醫師,則見脈息將絕,清漣歸,言請賴胚,先將此藥粉沖水飲之,他隨後便到。藥粉飲後,大便通兩次,大嫂抱歸床。十二時,胚來診察,言肺邪伏發熱,但症危甚,姑試之。先將紫雪丹挍(混合)竹瀝水和童小便服下,又將藥粉挍焚油封臍,又將鴛鴦塗挍雞蛋清糊心屈下(心窩下)並頭心(額頭中間),又調劑服之。有間,大小便漸通,□亦下泄,則見症較瘥些。入夜,清漣又往詢一方,夜半服之。」〔註 102〕在這段診斷和施予治療的過程中,世寧的大小便漸通,症狀似乎好了一些。但賴胚接連的診治,並沒有讓世寧的病情持續好轉,故張麗俊又再度求助於民間宗教,8 月 2 日,張麗俊便請其庄內的水順宮三府王爺乩童朱陳秀來家中替世寧禳災,8 月 4 日又到慈濟宮列位尊神座前祈求仙丹。之後又求助於西醫和漢醫的治療,直到世寧於大正 2 年(1913)9 月 19 日過世。

(三)妻子何氏燕

在張麗俊的日記中可以發現,其妻子何氏燕所患的疾病,是先從大正 14 年(1925)1 月 1 日,頸部生疽的問題開始,外用和內服同時使用於療程之中,此次,張麗俊先尋求西醫,讓西醫為何氏燕注射施藥,即 1 月 1 日時,「入夜,何氏燕頸後玉枕疽更痛,世屏往請張慶雲診視,注射施藥。」〔註 103〕隔天 1 月 2 日,又令劉守主往請上南坑福德正神來家起輦(以輦轎起乩),分派藥方與何氏燕敷服,以民間宗教的方式治療。接下來 1 月 3 日,張麗俊又令世垣往彰化請外科醫師周忠來診視,採用藥燉酒燙洗敷服的方式治療且又到慈濟宮祈求仙丹。1 月 10 日和 1 月 14 日使用外服的方式,敷服藥水,且用青草拔膿,換香菓心並梹榔葉蒂參舊鼎蓋燒灰三件,搯糯米飯敷之。但敷香菓心等項無甚見效,故又改敷張胚藥粉加豆腐,但效果亦是平平,袁錦昌 1 月 14 日提議用西藥打藥線的方式治療,病情才逐漸控制,直到康復。

而後,從昭和 3 年(1928)4 月 19 日開始,何氏燕因為頭眩嘔吐的問題,由西醫師林爐診視,診斷病情為血虛,故注射施藥,但因為無甚見效。4 月 20 日,因「何氏燕忽然暈眩,繼而嘔吐,遂請醫師林爐來診視,言係血虛不上

〔註 102〕《水竹居主人日記》(三),大正 2 年(1913)7 月 30 日,頁 405。
〔註 103〕《水竹居主人日記》(六),大正 14 年(1925)1 月 1 日,頁 307。

呈，注射施藥無甚見效。近九時，又請祖蔭〔註104〕來診視，言是腦貧血症，與林爐相同，又再注射靜脈，處方服之，直鬧至夜半方各就寢。」〔註105〕請西醫來診視，診斷為腦貧血症，與林爐的診斷相同，故又再注射靜脈，同時服用西藥藥品。同日，何氏燕頭痛的症狀未減輕，已經轉為腦溢血，4月23日又加上心臟不舒適，故又請漢醫林載言來診察，其診斷何氏燕為頭部、心部的痛苦，是因為陰火上蒸，故開處方黃引湯通其便兼降其火，次服雞子黃湯以平其心。

但何氏燕病狀依然，只叫頭痛，故張麗俊於1928年4月25日向民間宗教求助，請萬興宮來出乩指點，4月27日同時又配合了漢醫林載言的診斷，處方溫膽湯讓何氏燕服之，且頭部敷藥。接下來病情的發展不佳，10月30日張麗俊請漢醫診察，處逍遙兼五物湯讓何氏燕服之。〔註106〕直到12月2日，何氏病狀依然，體溫也高至38.1～38.2度，故請西醫來診察且注射。同日，再請漢醫林載言來診察，發現其左手和左腳已經無法自由活動，診斷為右鬢出血，且且火上升，故急用葛藤汁一甌、竹瀝水四匙、姜母汁六滴，先服之降其火，次用溫藥黃引湯以顧其脈，夜將前三味服，讓何氏燕的在睡時能夠較為安穩。

12月4日則又使用了續命湯和參姜桂附辛麻等藥品。12月6日，張清漣要求能夠延請法師來為何氏禳災，但張麗俊認為何氏燕所患此症，需要安靜，不應該再以噪音打擾之，同時會被他人視為迷信，故並沒有馬上採用。但是，12月9日午後，張麗俊的友人來探視何氏，又率人來觀落陰，探視何氏魂樹，因為世屏數次昏迷而不能往焉，而形成了一幅西藥和民俗宗教習俗混合使用的有趣圖像。12月11日，則是準確地延請西醫針對汲收腦溢血之藥品以吊點滴的方式對何氏燕進行注射。從1928年12月17日到1929年的3月19日，張麗俊配合病情的發展，使用漢醫輔助治療，針對其火太盛的症狀，處方麻沸湯、大黃、馬胡、八仙長壽劑等藥方。

〔註104〕張祖蔭：總督府醫學校畢業，曾任職於臺中醫院內科、博濟醫院，住址在臺中州熊高郡埔里街。參見內藤素生編，《南國之人士》（臺北：臺灣人物社，1922年），頁224。

〔註105〕《水竹居主人日記》（七），昭和3年（1928）4月19日，頁203。

〔註106〕《水竹居主人日記》（七），昭和3年（1928）10月30日，頁459。詳細診療的情況為「晴天，在家，因頭恙敷藥少效，令世翰邀張胚來視察，言是生葡萄穗，處方敷之。午后，往組合巡視，又訪王寶梁視察頸恙，言是生皇甫痴，甚然要症，因煩鬱所致，處逍遙兼五物湯服之。」

（四）張麗俊

此部份將分析主人翁張麗俊本身的疾病和用藥史。直到張麗俊於昭和 16
年（1941）過世，張麗俊於日記中顯現的身體疾病，主要有四種身體部份的病
痛，讓他在日記中慨嘆為何命運如此待他，分別為眼部、胃腸和腎臟、神經系
統出現問題。

1. 眼部問題

張麗俊的眼部出現問題，是在明治 42 年（1909）1 月底開始直到 5 月。
1909 年 2 月 3 日，張麗俊先向漢醫劉國標求診，服用六味加，在眼睛的劇痛
和瞳孔外已圍一白圈，讓他覺得如果此次診療無效，就要向公醫求診。2 月 6
日時又接到友人的來信，告知他：「眼痛據西醫言係外感，每以敷洗見功，若
多服漢藥，清涼恐傷脾胃反為不美，曷若就公醫處敷洗可也。」張麗俊深信其
說法，故往保順醫院向公醫辻貫造氏請求敷洗治療。在接受公醫的治療之外，
眼睛的症狀仍然沒有好轉的跡象下，2 月 12 日轉而向外地大甲街的眼科醫師
高媽愿（疑為漢醫）求診，張麗俊飲用了他所開的藥品之後，覺得眼病並沒有
好轉，但仍繼續服用高媽愿所開的處方。同時服用高媽愿所擬的鎮肝處方，連
服五劑，發覺眼睛中的血絲漸消，但瞳孔外圍的白翳卻遲遲未散，且眼眶的黑
陷也未能見效。故 2 月 25 日張麗俊寫了一封信，向大甲街的高醫師陳明其眼
狀，煩請高醫師再開藥方寄至家中。接下來眼睛的狀況沒有改善，3 月 16 日
張麗俊頭部又開始出現暈眩的問題，故又請漢醫林式新來診視，他表明眼部的
問題是出在肝，故只開吉二陳，使張麗俊服用。3 月 17 日和 3 月 19 日，張麗
俊發現暈眩和眼睛的狀態好轉，故又請漢醫林式新再來診視，除了前面所開的
處方外，又開了麻黃、細辛、烏梅丸等處方。同日，也延請法師來祈福禳災。

2. 胃腸和腎臟問題

張麗俊在日記中顯現的第二個身體的問題，就是胃腸的不適，此症狀從
昭和 7 年（1932）10 月開始，直到同年的 12 月。1932 年 10 月 21 日，開始
的症狀是失眠和腹悶，雖然請西醫診治後，症狀稍愈，但皮膚麻痺還有腳部
關節酸痛的症狀卻沒有減輕。11 月 3 日，在西醫注射治療之後，腹部的疼痛
並沒有減輕，故張麗俊使用灌腸器將藥水灌入肛門，使其排便，減輕腹部疼
痛的症狀。11 月 7 日，張麗俊遂往公醫處診察，抽血檢查且驗尿，然後注射
點滴，公醫檢驗過張麗俊的尿液後發現有少許糖份，認為張麗俊的腳氣疾是
因此而生的。直到昭和 8 年（1933）腎臟出現問題，也都一直接受公醫的注

射治療腳氣的疾病。而腎臟發病的時間是從昭和 8 年（1933）3 月開始直到同年 5 月底，張麗俊的症狀，應是接續昭和 7 年時胃腸和腳部的問題。張麗俊除了從 3 月開始向漢醫求診，同時也往公醫處尋求診治，3 月 27 日公醫檢視其尿液後發現，其右腎偏大，故開藥品治療外，也囑咐張麗俊在飲食上需要注意的事項，特別是魚的內臟類需忌口。

3. 神經系統問題

第三個在張麗俊日記中顯現的身體疾病，就是神經系統的問題。前述的症狀一直無法解決，張麗俊於昭和 8 年（1933）7 月神經系統出現警訊直到昭和 11 年（1936）年底都一直困擾著張麗俊。11 月 2 日經由漢醫的診斷，發現張麗俊神經衰弱，後請西醫診察，因應張麗俊營養失調的狀況，注射葡萄糖，同時服用高麗人蔘。昭和 11 年（1936）9 月 6 日，張麗俊發現最近自己的口舌不太靈活，請西醫診治之後，發現血壓過高，10 月 30 日請來密醫診治，發現為腦溢血之徵兆，11 月 7 日張麗俊促請西醫診察，注射之後，長期服藥治療，即「我言我之舌近來言語不甚活動，醫師恐有腦病先兆云。春草言可與林金鎣〔註 107〕診察，有頃，出到組合少坐，到宣和醫院煩金鎣診察罷，言雖有病亦屬慢性，非可急見其功，需長期服藥方可。因注射、處方濟，乃歸」。〔註 108〕由張麗俊的日記中，可以發現他本身和其家人西漢藥混用的情形明顯，有時還有輔助民間宗教的治療。只要症狀未減輕，消費者就會不斷的更換西藥或漢藥，只要對病情有益處，任何藥品和治療方式，都是消費者願意嘗試的。

這種西漢藥混用的情況也出現於日治時期臺灣家族帳冊修齊堂的文書之中，此帳冊文書的紀錄的消費時間為大正 14 年（1925）12 月 4 日至昭和 3 年（1928）1 月 2 日，使用的藥品，如表 6-4 所示。這段期間，帳冊文書記錄了，此家族對於藥品的消費既有西藥也有漢藥，包含了藥粉、藥膏、藥水、藥丸、藥錠等內用與外服等形式的藥品，且消費的頻率至少是一週至兩週一次。其消費的藥品如下，但是因為其家族成員的資料和性質不全，故無法對其藥物選擇的原因，作一進一步的分析。

〔註107〕林金鎣：明治 35 年（1902）生，林少超長子，神岡社口人，昭和元年（1931）日本愛知醫科大學本科畢業，先入九州帝國大學附屬醫院研究，昭和 8 年（1933）在豐原街開業，昭和 10 年（1935）任公醫。參見唐澤信夫編，《臺灣紳士名鑑》（臺北：新高新報社，1937 年），頁 71。

〔註108〕《水竹居主人日記》（十），昭和 11 年（1935）11 月 7 日，頁 142～143。

表 6-4　日治時期臺灣修齊堂家族帳冊藥品使用紀錄

藥品名稱	性　質	藥品名稱	性　質
藥仔	內服	塗腳藥	外用
藥水	內服或外用	人蔘液、野山蔘	內服
藥膏、膏藥	外服	漢藥粉	內服─漢藥
漢藥	內服或外用	外用藥水	外用
藥布	外用	六神丸	內服─漢藥
治癬水	外用	八寶散	內服─漢藥
藥粉	內服	喉藥粉	內服
眠藥	內服-西藥	南京虫藥	內服─西藥
鼻藥	內服或外用	中將湯	內服─漢藥
西藥	內服或外用	治氣藥	內服
胃腸藥、胃散	內服─西藥	飲藥	內服
胃腸病注射	西藥	解熱藥	內服─西藥

資料來源：修齊堂文書，編號 T0218D0192，藏於中央研究院臺灣史研究所古文書室。

　　至於為何林獻堂和張麗俊所代表的用藥選擇，為何有如此明顯的差異，是否和他們所受的文化和教育背景有關呢？林獻堂在文化的接受度上，傾向於西化，即西化所帶來的「進步」這個理念，連帶其用藥的習慣也跟著西化，跟著「進步」。而張麗俊接受漢學教育有 15 年之久，故其生病時，第一個念頭，通常都是找漢醫和服用漢藥進行治療，直到病情一直無法好轉，西醫和西藥也才會加入治療的過程中。兩人在身份性質上也顯現其差異，林獻堂為大地主又曾任區長、總督府評議員、敕選貴族院議員，和張麗俊身為保正此基層的領導階層比較起來，似乎較接近總督府核心。於是造就了兩人所面對的人、事、物不同，接連影響所受的文化刺激也有所不同，和張麗俊比較起來，林獻堂似乎更有機會藉由交際的場所或時機，受到總督府所推行西化理念的影響與刺激。而張麗俊其主要的交際對象，也多為地方基層之組織，他常在當地藥局吃飯聊天，和漢醫或西藥、漢藥藥種商交際，成為他一天的活動之一，醫藥從業人員成為他交際圈的一份子。

　　詳細的交際情形，日記中可以看見，張麗俊不只常到藥局吃飯交談，甚至也幫忙藥局（如泰和堂）處理買藥辦貨之行為，如 1906 年 7 月 3 日，張麗俊

「炎天，往墩，午前九時乘南下汽車往臺中，到山移事務所取回前月拜託訴訟之書類，並到丸三藥局代泰和辦西藥，遂乘十二時汽車回墩，在永昌行坐談。」〔註109〕和1908年8月6日，「近十一時散會，遂到停車站乘列車往臺中，向津田氏討前年所繳臺北法院旅費，仍再限一星期，遂往丸三〔註110〕，代泰和堂買西藥，乃乘五時餘列車回墩，遂回家焉。」〔註111〕加上張麗俊熱衷於宗教活動，故有關慈濟宮所舉辦的活動，他也都熱心參與，故有關漢藥種商組合於慈濟宮舉行神農祭典時，除了平時與藥種商的交際外，配合他對宗教事務的熱衷，也都可以看見張麗俊在其中穿梭的身影。如1929年4月26日，「晴天，往慈濟宮行三獻之禮，因豐原郡下藥種商新組織漢藥組合，今日神農大帝誕辰，組合開祭也，邀我全鏡堂、建智、淑潛、疇五、曉峰六人開祭，禮畢並住午宴。席散，到組合偃午，晚歸。」〔註112〕

甚至是有關藥種商組合，因應病患的需求，希望能夠將藥品減價之訊息，都可以在張麗俊的日記中看見，如1932年7月26日，「後因時間有限，遂告別，同坐一臺（貸）切車往三芝庄小基隆組合，亦居然一福地也。組合長盧（曾）慶餘不在，職員率我等到組合創設藥局一遊，遂回組合，盧（曾）君亦歸矣。因列坐，盧（曾）君說明該組合經營狀況，又因此處乃山區僻壤，離街遙遠，組合因創此藥局，請一醫師，月給及往診料，指定藥資減價，該地住在之人有病，庶免如前之為難也。」〔註113〕故先天的教育背景加上後天交際範圍之影響，既接觸漢醫、西醫，也接近漢藥和西藥，導致張麗俊在用藥的選擇上，雖然較偏向漢藥，但西藥似乎也成為在張麗俊接受治療的過程中，作為加強或輔助治療效果的角色。

日治時期的臺灣，另外一種藥品西漢藥混用的選擇，是藥包、藥盒（藥盒的功能與藥包類似，形式比較精緻美觀）的產生，藥包和藥盒的形式可見圖6-1～圖6-4。圖中可見藥包中藥品的清單，讓補充藥品的經銷商外務可以記錄藥品的補充狀況，其中以中藥和西藥作為原料所做成的藥品皆有，而藥品的封面，通常是該經銷商銷售量最好的產品，或是某經銷商向某廠商索取

〔註109〕《水竹居主人日記》（一），光緒32年（1906）7月3日，頁251～252。
〔註110〕即丸三藥房，為藤井一康（富山縣人）所開。鈴木辰三編，《臺灣民間職員錄》（臺北：編者，1919年），頁188。
〔註111〕《水竹居主人日記》（二），光緒34年（1908）8月6日，頁87～88。
〔註112〕《水竹居主人日記》（八），昭和4年（1929）4月26日，頁55。
〔註113〕《水竹居主人日記》（九），昭和7年（1932）7月26日，頁134～135。

廣告費後，將其產品印於藥包封面上。〔註114〕這些藥品，是誕生於1900年前後的現代成藥，經過20幾年的發展，產品已經逐漸成熟，種類也越來越多，進一步演變出新的藥包或藥盒的包裝形式。〔註115〕所謂的藥包、藥盒，其實最早是一些成藥品牌，因為旗下的產品種類眾多，因此特別設計一種美觀的收納盒送給顧客，讓他們把各種藥品置入盒中，方便收藏與使用，沒想到這種方式相當受歡迎，沒多久，幾乎所有製藥大廠都跟進模仿。〔註116〕

圖6-1　日治時期臺灣藥包的形式
　　　　──1930年代鹿標仁武丹
藥包一

圖6-2　日治時期臺灣藥包的形式
　　　　──1930年代鹿標仁武丹
藥包二

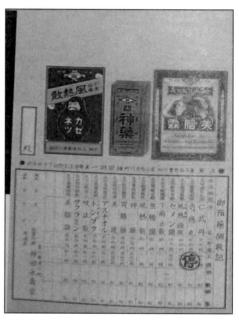

〔註114〕王思迅、吳志鴻、胡宏明著，《臺灣古董雜貨珍藏圖鑑》，頁60～61。
〔註115〕王思迅、吳志鴻、胡宏明著，《臺灣古董雜貨珍藏圖鑑》，頁60～61。
〔註116〕王思迅、吳志鴻、胡宏明著，《臺灣古董雜貨珍藏圖鑑》（臺北：果實，2004年），頁60～61。

圖 6-3　1930 年代的麒麟丹藥包

圖 6-4　1930 年代的產業組合家庭平安藥藥盒

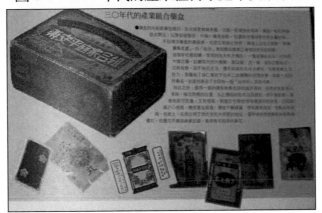

資料來源（圖 6-1～圖 6-4）：王思迅、吳志鴻、胡宏明著，
《臺灣古董雜貨珍藏圖鑑》（臺北：果實，2004 年），頁 61。

　　聰明的生意人也立即發現，這個貼心的設計蘊藏不少的商機，於是開始有人設計各種名號的藥包藥盒，裡面放入一般家庭常用的各種成藥，或同一藥廠，或不同藥廠，配成一組，挨家挨戶推銷，這些日治時期的藥包與藥盒，常見的品牌有仁美、將軍、黑馬等，而這些藥包和藥盒的文化，二戰之後，仍然於臺灣發展，且受到美國人品牌的影響。〔註 117〕而實際施行於日治時期的情況，是許多民眾會使用寄藥包袋（藥包、藥袋），一般家庭裡皆常備平安藥包，由製藥所或大藥房附設藥品配置部，經臺灣總督府衛生課認可，製藥所或藥房配置所，派遣外務至各地鋪設據點，每三個月至六個月巡迴一次，收款及補充

〔註 117〕王思迅、吳志鴻、胡宏明著，《臺灣古董雜貨珍藏圖鑑》（臺北：果實，2004年），頁 60～61。

藥品,主要對象是以臺灣家庭為主,因日人習慣直接看醫師。〔註 118〕而藥包袋中的藥品,則為西藥和漢藥成藥品,屬於日治時期臺灣民眾用藥習慣,西漢藥混用的一種類型。日商的經銷方式是,由日本著名的製藥產地富山縣購入一般民眾經常服用的西藥(內含有漢藥配方),如感冒藥、腸胃藥等,將其分別包裝,附上訂購藥單,挨家挨戶的發送至臺灣的各個城鄉,臺灣民眾可以先收藥後付款,日商平均每隔三至六個月固定的巡迴一次,消費者在付帳的同時可以訂購新藥。〔註 119〕日商銷售的這種予民方便的藥俗稱「便藥」,因為便藥的藥效佳且服務周到,故對必須長期服用,藥效比較緩慢的傳統漢藥市場帶來不利的影響。〔註 120〕

三、漢藥型

　　日治時期,臺灣民眾對於藥品的選擇,還有漢藥型,較為典型的例子,以日治時期仍在使用的藥籤。所謂的「藥籤」,是指編號在籤條紙上,印寫藥物品名、用量及其適應症狀的籤,求籤的方式和求「運籤」的方式相同。〔註 121〕質言之,所謂「藥籤」大抵應包含信眾在廟中依禮請願、擲筊之後,由藥籤筒中求取「籤支」,以及與所求「籤支」號碼相對應的「籤詩」兩部份。〔註 122〕「藥籤」的產生源自於臺灣民間普遍流傳的善書資料,如《華陀仙翁秘方》、《華陀果藥秘方》、《觀世音治病果藥秘方》、《神農治病漢藥秘方》等,大多數載有相當可觀的疾病項目及對應療法,對象不侷限於成人,且廣及小兒、老人及婦人各科。〔註 123〕然後,民間寺廟為了便簡或其他客觀因素的考量,在藥籤運作上僅僅保留了求取「籤支」的部份,而將藥籤實質內容的資料,另藏藥

〔註 118〕 王思迅、吳志鴻、胡宏明著,《臺灣古董雜貨珍藏圖鑑》(臺北:果實,2004年),頁 60～61。

〔註 119〕 朱德蘭,〈日治時期臺灣的中藥材貿易〉,收入黃富三、翁佳音主編,《臺灣商業傳統論文集》(臺北:中央研究院臺灣史研究所籌備處,1999 年),頁 260。

〔註 120〕 朱德蘭,〈日治時期臺灣的中藥材貿易〉,收入黃富三、翁佳音主編,《臺灣商業傳統論文集》(臺北:中央研究院臺灣史研究所籌備處,1999 年),頁 260。

〔註 121〕 吉原昭治,《臺灣寺廟藥籤研究》(臺北:武陵出版有限公司,1990 年),頁 112;邱年永,《臺灣寺廟藥籤方藥考釋》(臺南縣學甲鎮:全國保生大帝廟宇聯誼會,1993 年),頁 6。

〔註 122〕 宋錦秀,〈臺灣寺廟藥籤彙編:宜蘭「醫藥神」的系統〉,《宜蘭文獻雜誌》37期,宜蘭:宜蘭縣立文化中心,1999 年,頁 6。

〔註 123〕 宋錦秀,〈臺灣寺廟藥籤彙編:宜蘭「醫藥神」的系統〉,頁 4。此文章作者所觀察的寺廟,多是於清朝就於臺灣創立的寺廟。

簿或傳統漢醫的民間良方之中。〔註124〕

　　這些藥方，信眾可以在廟中依禮求取藥籤筒中的籤支後，由廟方開立藥籤號單（或說「藥單」），填寫所抽籤支的號序之後，再由信眾憑單至寺廟神明指定的漢藥局（主要是指地方蔘藥行）中抓藥；寺廟本身或藏有藥簿，但並不直接提供有關藥籤或藥方的具體資料，以上便形成了廟方與漢藥局之間的緊密聯繫。〔註125〕總而言之，臺灣寺廟藥籤的資料類型，除了包含那些信眾在廟中直接取得，由各地寺廟印行、發送，載有醫療論述或醫藥內容的「籤詩」外，也應包含更多藏於地方漢藥局（蔘藥行）中，由寺廟信眾憑藥籤號單，間接得自藥簿的那些醫療資料。〔註126〕

　　以下將以南投縣埔里鎮桃米里福同宮日治時期藥籤作為分析的材料，〔註127〕討論日治時期藥籤的內容和藥籤中藥方之療效（若有相同的藥材出現，則不再重複介紹療效），〔註128〕有關藥籤中所出現的每種漢藥材之療效，可參考附錄四。藥籤總共有36件，藥引通常並非正規的漢藥材，是在求取藥籤的過程，由採藥童子採取之，其餘皆是在藥種商所經營的藥鋪中可以購買的漢藥材。綜合言之，以下的藥方適應的症狀不出感冒、熱性疾病、腸胃病、婦女疾病和幼兒疾病，特別是以感冒和鎮靜解熱的藥方最多。

　　就藥籤中藥材的詳細療效來看，第一號為海藻、地骨皮、黃芩、桔梗、紫蘇、半夏，藥引為香芽尾、苦艾心、鐵釣竿，海藻的功效為清燥熱之痰火、利尿，且可治療癭瘤、慢性頸淋巴結炎、甲狀腺腫的問題。地骨皮的功效是清虛熱、涼血、降壓、止咳、治虛熱、癆熱、盜汗、口渴、肺熱喘咳、喀血、消渴。黃芩可治療痢腹痛，具有涼心、治肺熱、瀉肺火、還可治療眼精紅腫以及有養陰的功用。紫蘇（蘇葉）功效有解毒散寒、通心利肺及溫氣中和的功效，能治傷風頭痛、發熱、胸腹脹滿、咳嗽、氣喘等。半夏能治傷寒寒熱，痰瘧不眠，反胃吐食，消腫止汗。可降逆、和胃、和止嘔、化痰。以上這些藥材最主要的功能除了可以醫治感冒的症狀之外，還可解決腸胃的不適。

　　第二號淡竹葉、石膏、知母、桑白皮、葛根、柴胡、梔子、杏仁、澤瀉、

〔註124〕 宋錦秀，〈臺灣寺廟藥籤彙編：宜蘭「醫藥神」的系統〉，頁6。
〔註125〕 宋錦秀，〈臺灣寺廟藥籤彙編：宜蘭「醫藥神」的系統〉，頁6～7。
〔註126〕 宋錦秀，〈臺灣寺廟藥籤彙編：宜蘭「醫藥神」的系統〉，頁7。
〔註127〕 由南投縣埔里鎮桃米里福同宮提供，這要感謝邱正略學長的提示。
〔註128〕 此份藥籤中藥方的療效，皆是在2008年6月16日於國家網路藥典（http://hospital.kingnet.com.tw/medicine/search_cm.html）的中藥材中查詢所得。

地骨皮、麝香五個，藥引為六月雪、小金英、秤拐青。淡竹葉，具有涼心緩脾，消痰止渴，且具有清熱、除煩躁和利尿的效果，能改善口渴、抗菌和消腫。石膏功效為退熱、解渴、消腫，治療熱性感染性疾病、高熱、煩躁、大渴、大汗、胃火牙痛、熱毒。知母功效為解熱、抗菌、鎮靜、祛痰、口腔炎、咽喉炎。桑白皮功效為瀉肺火、止咳平喘，治熱咳嗽、氣急喘咳、水腫腳氣、支氣管炎、咳嗽喘息。葛根功效為解肌退熱、生津止渴，治擴張心冠脈、頭痛、煩熱消渴、熱瀉、高血壓、耳聾。柴胡可改善肺部濕熱、調理肺功能，具有養肝的效用。杏仁有宣肺和潤燥功能。澤瀉能利水滲濕、清除腎臟濕熱、利小便、消除腫脹。麝香可解毒，殺蟲墮胎。以上這些藥材的功能，都是為了解決感冒所引發的不適症狀。

　　第三號延胡索、杏仁、當歸、附子、炙草、川芎、蓮子、玄參、黃耆，藥引為苦林盤、鐵釣竿、犁壁草。延胡索（元胡、延索）治氣凝血結，產後血暈，暴血上衝，疝氣危急，為治血利氣第一藥。當歸能補血、清血、潤腸胃、通經、光澤皮膚、促進血液循環、幫助子宮收縮、活血化瘀。附子可祛寒濕、通經活絡、補陽。川芎（芎窮）能活血、疏通血絡、養新血，能止痛、化瘀，能止痛、化瘀，抑制血小板聚集。蓮子治脾泄久痢，白濁夢遺，女人崩帶，及諸血病，止渴去熱、安心神。玄參（元參）能滋陰降火、益精、利便，可以治熱病煩渴。對咽喉腫痛、自汗盜汗、吐血鼻血、津涸便秘、煩心失眠也有效果。黃耆主治痘症不起，能生肌、利水和消腫，可調節汗排泄，治陰虛火熱、瘡傷不癒是托瘡聖藥，且為平和強壯藥，可補虛勞和增強免疫力。

　　第四號黃連、黃芩、天麻、蔓荊子、獨活、麻黃、紫蘇、薄荷、車前、柴胡，藥引為桂花根、鳳尾草、一支香。黃連能瀉火氣、涼血熱、清肝火、改善消化不良、止嘔、治療下痢。天麻（定風草）可治諸風眩掉，頭旋眼黑，語言不遂，風濕，小兒驚。蔓荊子可治風熱感冒、正、偏頭痛、齒痛、赤眼、昏暗多淚。獨活可去風濕、通經絡、鎮痛，治風寒濕痺、頭痛、手腳攣痛、齒痛、口眼歪斜、神經痛。麻黃治中風傷寒，頭痛溫瘧，痰哮氣喘。薄荷可治頭痛頭風、中風失音、痰嗽口氣、眼耳咽喉口齒諸病，破血止痢，且能解熱、消炎、健胃，改善頭部與咽喉腫熱疼痛。車前（車錢子、車前草）利尿、鎮咳、祛痰、止瀉，主治淋病，尿血，瀉痢，目赤腫痛。

　　第五號香附、五倍子、乳香、五味子、川芎、牛入石、木瓜、白芷、澤蘭，藥引為苦藍盤、鐵釣竿、犁壁草。香附治胸治腹部脹痛、月經不調、肝氣鬱滿、

白帶、慢性膽囊炎。五倍子（棓子、百蟲倉）功效為收斂止血，斂肺止咳，澀腸止瀉，排膿斂瘡，消腫解毒，肺虛咳嗽，腸虛泄瀉，慢性下痢，各種出血，痔疾脫肛。外治火傷燙傷，皮膚濕爛，潰瘡金瘡。乳香的功效為活血止痛舒筋、消腫生肌、心腹疼痛、癰瘡腫毒、跌打損傷。五味子可治虛寒喘咳、久瀉久痢、自汗盜汗、遺精、口乾。木瓜可治霍亂轉筋，瀉痢腳氣，腰足無力。白芷的功效為祛風、止痛、消腫、排膿。澤蘭可治療產後血瀝，腰痛，吐血鼻血，目痛頭風，行血通經、利尿消腫。

第六號蘆巴子、遠志、延胡索、蒼朮、柏子、白朮、川芎、黨參、連翹，藥引為鹿茸草、紅骨蛇、秤拐青。遠志，有定心氣和止驚悸的效果，可改善健忘、安魂魄、瀉心火。蒼朮，為治痿要藥，可治腹脹、噁心嘔吐、腹瀉、祛風濕、發汗。柏子有養心氣、透心腎、益智寧神及益脾胃的功效。白朮，可止渴生津、健胃、利小便、除水腫。黨參，可補中益氣、調和脾胃，對調理因疲累所引起的消化不良有效。連翹有消炎消腫排膿、利尿、殺蟲止痛的功用，且能發散風熱，清熱解毒。

第七號赤芍、桔梗、川貝、香附、砂仁、桂枝，藥引為小金英、甘草草、遍地錦。赤芍，可清除或是減輕肝熱，能改善瘀血和婦女經痛。川貝，有清虛痰、潤心肺及鎮靜的功效，可化痰、止咳、減輕喉嚨不舒服。香附，治腹部脹痛、月經不調、肝氣鬱滿、白帶、慢性膽囊炎。砂仁，治腹痛痞脹，噫膈嘔吐，赤白瀉痢，霍亂轉筋。桂枝，能發汗、能溫暖腸胃、還能溫經、利水，且可促進血液循環。第八號烏柏、赤芍、當歸、川芎、梔子、白朮、柴胡，藥引為山棕根，以上的藥方主要為活血、止痛和養肺的功能。第九號羚羊角、犀角、冰片、麝香、全蠍、茯苓，藥引為雞舌黃、小金英、馬蹄金。羚羊角治瘀滯惡血，血痢腫毒。犀角，可治傷寒時疫，發黃發斑，吐血下血，痘瘡黑陷，消癰化膿。冰片有開竅醒神、清熱消腫、止痛的功能，用於神志昏迷、溫熱病高熱神昏、中風痰厥、氣厥、中惡、瘡瘍腫痛、口瘡、咽喉腫痛、目赤腫痛、眼疾、牙齦腫痛等。全蠍，可治驅風鎮痙、解毒散結、降壓，口眼歪斜、半身不遂、風濕痹痛、偏頭痛。茯苓，可生津止渴，退熱安胎，去濕、消水腫。

第十號川貝、杏仁、桔梗、木香、澤蘭、白芷、烏藥、沒藥，藥引為六月冬、稻草頭。烏藥，可治反胃吐食，宿食不消，瀉痢霍亂，女人血凝氣滯，小兒蚘蛔。沒藥，可散血去瘀、消腫定痛、通經、健胃、內傷出血、扭傷、惡瘡。此藥方中，出現了可以治療幼兒寄生蟲疾病之藥材。第十一號蟬蛻、天竹黃、

木香、青黛、熊膽五個，藥引為六月雪、水丁香、扁柏、函賣草。木香，治胸腹脹痛、痢疾泄瀉、膀胱冷痛、疝氣、慢性胃腸炎。蟬蛻（蟬退、金蟬），可治肺熱嘶啞、破傷風痙攣、風疹身癢、眼紅腫痛、小兒夜啼、目翳。天竹黃，治大人中風不語，小兒客忤驚為尤宜。青黛，治傷寒發斑，吐咯血痢，小兒驚，疳熱丹熱，蛇犬毒。第十二號蓮子、胡桃、連翹、白朮、一條根、附子、椿花、砂仁，藥引為半天黃、刺竹黃、白水錦。胡桃，故上而虛寒喘嗽，下而腰腳虛痛。內而心腹諸痛，外而瘡腫諸毒，皆可除也。一條根，可舒筋活絡、驅風去濕、解熱鎮痛、骨折損傷、坐骨神經痛、風濕痛。

第十三號細辛、天門冬、連翹、通草、獨活、木香、車前，藥引為鴨公青、葉下紅、鐵釣竿。天門冬（天冬），有潤燥、美化肌膚、止咳化痰、幫助排泄的功效。細辛，能散風、祛寒、化痰，可以改善頭痛、腹痛。通草，治目昏耳聾，鼻塞失音，退熱催生。第十四號夜百合、防風、黑蒲黃、川貝、地骨皮、木香、枳殼、梗（米茲），藥引為紅竹葉、午時水。防風，為去風勝濕之要藥，可治發汗解熱、鎮痛、利尿、祛風、外感風寒、頭痛目眩、脊痛項強、風寒濕痺、四肢攣急。枳實（枳殼），治胸腹痞脹痛、食積、濕熱積滯、泄瀉下痢、子宮下垂、胃下垂。

第十五號胡桃一個、椿根兩個、耳鉤草兩個、細辛兩個、益母草五個、硃砂一個，藥引為向日黃、肉豆根、正珠黃根（松黃）。益母草，可消水行血，去瘀生新，調經解毒，為經產良藥，可治血風，血暈，血痛，胎痛，產難。第十六號珠兒參、砂仁、韭子黑、防風、人中白、櫃子、無根草、黃芩、黑白蘭、連翹，藥引為午時艾。珠兒參，補肺降火。砂仁，治腹痛痞脹、食積不消、寒濕瀉痢、虛寒胃痛。人中白（溺白垽、千年冰、中白、淡秋石），基本來源為尿壺中，人尿自然沈結的固體物白色經久而乾者。功效為降火，解熱，消炎，止血，祛痰，主治諸出血症，咽喉發炎腫痛，口齒生瘡，皮膚濕疹，肺結核，諸頭痛，小兒軟骨病。

第十七號椿花、川三稜、鉤藤、人中黃，藥引為青殼鴨蛋。鉤藤，功效為平肝風、除心熱，並能改善因內風所引發的頭暈目眩，主要用在清熱祛風。人中黃，清痰火，治天行熱狂，痘瘡血熱。第十八號雄黃、厚朴、地榆、川貝、烏梅、玄參、胡桃，藥引為行骨稍、出世老、蚵仔草。雄黃，治頭痛眩運，暑瘧淅利，泄瀉積聚，蛇傷。厚朴，治反胃嘔逆，喘欬瀉痢，冷痛霍亂，能清除腸胃中的積食，厚實腸胃。地榆，治吐，腸風，血痢，可止血、涼血、收斂、

清熱解毒。烏梅，治久欬瀉痢，瘴瘧，霍亂，吐逆反胃，常用於消腫及清熱的作用，可生津止渴、保護腸胃和化痰。

第十九號柏子、天門冬、麥文冬（應為麥門冬）、牛入石、木瓜、蟾酥一個、麝香兩個，藥引為石膏，小兒一次服三分之一，成人一次服二分之一，待一時刻後再服。麥門冬，功能是清心潤肺，強陰益精，瀉熱除煩，消痰止嗽，行水生津，可潤燥生津、化痰止咳、利尿、強心、強壯，治療燥熱咳嗽、清肺、肺痿吐血、肺癰吐膿、便秘。此號藥籤之藥方，主要治療鎮靜解熱。第二十號天門冬、枳殼、焙南星、前胡、延胡索、沒藥，藥引為小回魂。前胡，治痰熱哮喘，欬嗽嘔逆，痞膈霍亂，治風熱感冒頭痛、鼻塞流涕、肺熱咳嗽、痰稠氣喘、胸膈滿悶。第二十一號洋參、阿膠、白芍、川芎、一條根、當歸、補骨脂、熟地、枸杞子、地龍，藥引為本地川七、細田烏、倒吊榕樹根。洋參，生津液，除煩倦。阿膠，治虛勞嗽咳，肺痿吐膿，吐血，血痔，具有滋陰潤肺、補血止血的功能。補骨脂，治腎虛久瀉、脾虛腹瀉、尿頻、腰痛、早泄、白帶、子宮冷感、冠心病。熟地黃，治勞傷風痺，胎產百病，為補血之上劑。枸杞子，有明目、去虛勞及滋腎入肺、補虛益腎及養肝的功用。地龍，可清熱、鎮痙、定喘、降壓、利尿、活絡，治支氣管哮喘等。

第二十二號鬱金、木香、連翹、枳殼、葶藶子、梔子、蔓荊子、附子，藥引為白匏根、苦林盤、雞舌黃。鬱金（乙金），可解鬱、理氣、散瘀、止痛、利膽，治黃疸、痛經、癲症、膽道炎、胃痙攣。葶藶（丁力子），瀉肺、行水、消腫除痰、止咳定喘。第二十三號赤苓、常山、白芍、淮山、黃耆、知母、珠兒參，藥引為大回魂。常山，能引吐行水，祛老痰。山藥（淮山），功效為補氣、健胃、益腎、補益脾肺，可清虛熱，有止渴、止瀉、健脾胃的功能。黃耆，主治痘症不起，能生肌、利水和消腫，可調節汗排泄，治陰虛火熱、瘡傷不癒。第二十四號燈心草、枳殼、通草、木香、木通，藥引為薏莎仁根、玉米鬚、黑麻果。通草，治五淋水腫，目昏耳聾，鼻塞失音，退熱催生。木通，治耳聾目眩，口燥舌乾，喉痺咽痛，鼻齆失音，脾熱好眠。第二十五號麥文冬、烏梅、草果、水銀、大黃、朴硝，藥引為水流砂、葉下紅、車前草。水銀，功專殺蟲，治瘡疥蟣蝨，解金銀銅錫毒，墮胎絕孕。大黃，為緩下劑、整腸、健胃、大量峻瀉、消炎解毒、行瘀血。第二十六號古月味、□活、夜明砂、熟地、枳殼、熊膽五個、麝香兩個、真珠兩個，藥引為綠竹二椏、有股稍、月桃頭。夜明砂，功效為清熱、明目、消疳、活血消積、目盲翳障，治夜盲症、小

兒疳積、白內障、間歇熱。第二十七號澤蘭、淮山、一條根、赤尾、北南星、木香、祈蛇眠，藥引為油蟲珠、出世老。

第二十八號孩兒茶、雄黃、石蓮子、神□、兒茶黑、伏神、夏枯草，藥引為苦桃葉 24 葉、綠竹心 32 支。孩兒茶，功能為清上膈熱，化痰生津，止血收濕，定痛生肌。第二十九號孩兒茶、連翹、防風、砂仁、黃芩、蒼朮、黃柏、升麻、半夏、兒茶黑，藥引為老蝦仔叉、紅骨蛇、紅雞公樹。黃柏，功效為瀉火解毒、瀉腎火、收斂消炎、抗菌。升麻，治身熱頭痛、喉痛口瘡、脫肛、子宮下垂、帶下、久泄，頭痛，寒熱，肺痿吐膿，久泄脫肛，目赤，口瘡痘瘡，斑疹。半夏，可和胃、和止嘔、化痰。第三十號桂枝、六汗、牛膝、川七、地黃、桔梗、骨碎補，藥引為尾蝶仔花、苦藍盤。桂枝，發汗解肌，治傷風頭痛，中風自汗，能發汗、能溫暖腸胃、還能溫經、利水。續斷（六汗）治腰痛胎漏，崩帶遺精，腸風血痢，癰痔腫毒，還能宣通血脈，調理筋骨，溫暖子宮，改善腰痛。牛膝，能引諸藥下行，治腰膝骨痛，足痿筋攣，陰痿失溺，久瘧下痢，傷中少氣，經閉、經痛、風濕痺痛、跌打損傷、腰膝骨痛、水腫腳氣。川七，有散血定痛的功效，治吐血、衄血、散血止痛、肺胃出血、目赤、血崩、胃、十二指腸潰瘍之疼痛。骨碎補，可補腎鎮痛、活血壯筋，治牙痛、齒齦出血、骨折損傷、腎虛久瀉、耳鳴、足膝痿弱。

第三十一號蒲公英、椿根、回春皮、細辛、雙面刺、鉤藤，藥引為出世老、益母草、紅田烏。蒲公英，功效為清熱、解毒、散結、消腫、抗菌。第三十二號柏子仁、川芎、胡蘆巴、熟地、赤地龍、遠志、青葙子，藥引為秤拐青、鴨公青。胡蘆巴，治腎臟虛冷，寒濕腳氣。第三十三號桑白皮、知母、柴胡、梔子、葛根、冰片，藥引為白蚋仔七粒、木賊、油蟲珠、全蠍末。葛根，可解肌退熱、生津止渴、透疹。第三十四號梔子、連翹、常山、地榆、車前、牛入石，藥引為夜明砂、百草丹。第三十五號獨活、□活、黑陳皮、杏仁、黑枳殼、連翹、菟絲子，藥引為王不留行、埔姜豆根。陳皮，能強健脾、開胃、助運化、健胃、祛痰、鎮咳，對食積不消、腹脹等現象有良好改善效果。第三十六號枳殼、熟地、木通、生地、麝香、牛膝、枸杞子、硃砂，藥引為鳳凰蛋、山芋仔薯（生）。生地黃，可涼血、清熱、補養虛弱體質。

結　論

　　日治時期的藥業網絡，由藥業從業人員、消費者所構築而成，官方、製藥者、賣藥者和消費者，在藥業網絡中扮演著各自的角色。臺灣總督府制定了一連串的法規作為遊戲規則，使每一位藥業從業人員在藥業網絡中活動、和消費者接觸，共同構築出屬於臺灣社會的藥品使用圖像。藉由法令公布的時間，可以發現藥業從業人員是最先被法令規範的對象，且在日治初期為臺灣總督府所承認的藥業從業人員就是藥劑師、藥種商、製藥者三者，也就是本文所討論的三個對象。三者既是製藥者也是賣藥者，都是要經過國家的考試與認定，才能夠發給執照，正當的進行營業。起初藥品和藥業從業人員的法令是分開制定，兩者都得到法令的嚴格規範。藥劑師法的公布，則將藥業人員中經過專業學校教育的藥劑師，抽出另外規範。直到 1943 年日本藥事法的公布，臺灣比照辦理，才將藥業從業人員和藥品的管理合而為一，畢竟藥業從業人員和藥品就是具有密不可分的關係，理應聯合進行管理。日治時期臺灣藥業網絡中，藥業從業人員往往於報章雜誌或醫藥學會中，表達了臺灣的藥業法令應一起沿用日本內地藥業法令的理念，最終終於在日治末期，即 1943 年實現。

　　將日本內地藥業法令公布的時間和臺灣相比，日本所制訂的藥業法令包含了生鴉片管理規則（1870 年公布）、賣藥管理規則（1870 年公布）、東京府下設立司藥所（1874 年公布）、毒藥劇藥的管理（1870 年公布）、假藥敗藥的管理（1874 年公布）、藥業開業試驗的施行之件（1875 年公布）、製藥證書獲取的手續（1876 年公布）、賣藥規則（1877 年）、毒藥劇藥管理規則（1877 年公布）、日本藥局方的創定（1886 年公布）、藥種商營業規則（1886 年公布）、藥品營業和藥品管理規則（1889 年公布）、藥劑師試驗規則（1889 年公布）、

藥品巡視規則（1889 年公布）、藥劑師法（1925 年公布）、藥劑師會法令（1926年公布）、藥事法（1943 年公布）等。〔註 1〕

　　臺灣制訂的法令有 1896 年 6 月 10 日公布「臺灣藥劑師、藥種商、製藥者取締規則」→1900 年 9 月 1 日公布「臺灣藥品取締規則」→1912 年 8 月公布「臺灣賣藥營業取締規則」→1925 年 4 月臺灣頒佈「藥劑師法」→1928 年藥劑師法正式施行→1929 年 3 月公布「臺灣藥劑師法施行細則」→1929 年公佈「臺灣麻藥類取締規則」→1943 年 11 月 1 日公布藥事法，改訂「臺灣藥品取締規則」。

　　從以上法令公布的時間來看，日本對於藥品和藥業從業人員的管理，更早就頒佈了比臺灣多許多的法令規範，就連藥種商本身和藥劑師會都有專門的法令進行規範，不同於臺灣於 1896 年公布的「臺灣藥劑師、藥種商、製藥者取締規則」，是和其他藥業人員一同進行管理，法令中若有未盡之處，則由各州廳頒訂管理（取締）細則。若是藥業從業人員所組織的團體，也被視為組合進行管理。臺灣和日本內地的藥業從業人員管理相較之下，日本內地的藥業從業人員其專業是較被官方所認定的，如藥劑師試驗規則，於 1889 年公布，此規則臺灣沒有，因為臺灣並沒有專門培育藥劑師的專門教育機構。

　　藥劑師法要於 1928 年才在臺灣正式施行，在此之前，藥劑師皆受「臺灣藥劑師、藥種商、製藥者取締規則」的管理，直到藥劑師法的公布才將藥劑師從藥業從業人員之中，區分出來，認定其專業性需另立法令進行管理。而在日治時期的臺灣，與藥業相關的法令，大多於大正年間或在此之前，就已制定完成，若有較大的變動，則是 1928 年藥劑師法的正式施行，確認藥劑師的在藥業從業人員之中的專業地位和職能，和 1943 年公布藥事法，改訂了「臺灣藥品取締規則」，將藥業人員和藥品合一管理。

　　在討論完法令之後，接下來就是討論藥業網絡上游的官方管理、網絡內外的製藥業者、藥業網絡中游的賣藥者和製藥者，即藥種商和藥劑師，最後則是討論藥業網絡下游的消費者。

　　第一個角色為官方製藥，官方其實擔任管理者的角色，除了進行製藥外，對於藥品進行檢驗，就是一種品管的過程，而對藥品進行研究，則是希望找出有效的疾病治療方法。官方一開始製藥的動機，源自於疾病，在官方還未進行製藥時，需要靠進口的方式，提供臺灣本島疫苗、血清等口服或外用的藥品。

〔註 1〕厚生省醫務局編，《醫制百年史‧資料編》，頁 6～7。

直到官方開始製造藥品後，為了符合成本的效力，故主要是希望大量供應給醫院和藥業從業人員進行販賣。

而網絡內外的製藥業者，臺灣藥業網絡內的製藥業者，絕大多數為藥種商，就 1899～1944 年的數據綜合來看，製藥業者的分布地區，北部集中於臺北和南部則集中於臺南，至於東部地區要到 1919 年之後才有製藥業者數據的呈現。1907 年之前，全臺灣的製藥業者主要集中在臺灣北部，從 1907 年開始中南部的製藥業者數量漸多，製藥業者也轉變成主要集中於中南部。其實從 1901 年開始南部地區（臺南廳）藥種商發展的數量就已經超越了北部地區的藥種商，一直到 1942 年南部藥種商的數量一直都比北部藥種商的數量多。這和藥劑師所反映的地區分布特質不同，這造成了南部地區的民眾接觸藥種商的頻率恐怕會比北部地區的民眾還要多，但是南部接觸藥劑師的機率恐怕會比北部地區還要少。

日治時期在日本製藥業者移入藥品的同時，藥種商也以製藥者的角色，於藥業網絡中發揮影響力。藥種商既是製藥者，即提供藥品的上游，也是販售藥品給消費的中游。雖然臺灣總督府實行壓制漢醫的政策，但漢醫藉由漢藥種商的角色，繼續在臺灣的藥業網絡中發揮作用，甚至私下從事醫業，以另外一種方式存續其職能，其整體人數甚至比藥劑師還要多，且更能被民眾所利用，在臺灣的藥業網絡中，是藥業網絡中重要的流通角色，雖然遭受壓制，但是依舊以其經營的方式，在藥業網絡中佔有一席之地。並不是在遭受打壓後，就無法發揮其專業的職能。

1903 年，民政長官後藤新平在臺灣醫學會第一次大會中，對日本醫學社群的演說，明確提出「殖民地醫學」一詞，並認為「殖民地醫學異於本國醫學」，醫學成為一種操縱和教化的機制，作為緩和殖民權力壓制，即再生產殖民者文明價值的作用。〔註2〕以醫學作為一種教化和操縱的機制，其中一個需要被教化的理念就是西方科學，延伸至和醫學有相依關係的藥業，也同樣受此理念的影響，也就是對於西醫和西藥品的推廣，強調經過科學驗證過的處方和治療方式，才能為病患所信任使用。這個理念也一直出現在日治時期臺灣報紙中的藥品廣告裡，強調經過某某博士（經過西式醫學或藥學教育的專業人士）的實驗證明，該藥品藥效決不虛假之類的宣傳話語。即使有此欲傳

〔註2〕參見范燕秋，〈新醫學在臺灣的實踐（1898～1906）——從後藤新平《國家衛生原理》談起〉，《新史學》9 卷 3 期，1998 年，頁 49～86。

輸的理念在左右著日治時期臺灣的藥業網絡，本身就存在於臺灣社會中的漢藥，雖然一直遭遇官方的打壓，藉由藥種商的製藥為了生存另尋出路，接受科學化的洗禮，將漢藥帶往西藥市場的生產和宣傳模式，漢藥披上科學的外衣，如同西藥一樣以機器製造漢藥，帶給病患溫和且有效的治療，且不違背臺灣總督府以科學帶往人民走向進步的理念，和西藥藥品一同於藥業網絡中競爭。

在藥業網絡中同樣是製藥者也是賣藥者的是接受專業藥學教育的藥劑師，雖然人數並沒有藥種商多，但在官方機構、地方機構、自行開業的藥局執業，特別是臺籍藥劑師藉由在民間自行開業展現其專業能力。但是由於藥業法令規定，藥劑師必須以醫師的處方箋進行調製，若是對處方箋有所疑義，也必須以諮詢醫師的意見最先的考量中，可以看出在醫和藥的關係中，藥劑師還是附屬於醫師之下的一個專業人員。綜合言之，直到1942年藥劑師的總數為355人，和藥種商的數量比較起來，少了許多，分布於各個地區的密度，也沒有藥種商高，所以同為藥業網絡中游的藥種商和藥劑師，藥種商所販售的藥品被民眾消費的機率會比藥劑師高。從地區的分布，可以發現藥劑師在北部地區主要是在臺北，中部地區在臺中，南部地區則在臺南。其他地區藥劑師的分佈，往往是個位數，對於病患的狀況來說，往往是遠水救不了近火，於是日治時期比藥劑師數量還要多的藥種商（西藥和漢藥）所開設的藥店，就成為病患在經濟上許可的狀況下，比較可以選擇藥品的管道。最後，值得提出的一點，便是女性藥劑師的出現，使得在多數以男性為主的藥業網絡中，雖然人數不多，但是成為綠葉中的一抹紅，於工作的場域發揮其專業的能力。

藥業網絡外的日本製藥業者，於臺灣移入的藥品，其實對於臺灣藥業市場的影響，就時間上進行觀察，可從製藥業者或藥局、藥店經營者在報紙上所刊登的宣傳廣告中看出此特性，那就是日治初期所販售的藥品，除了灌注其西式醫學的理念，強調此藥品受到某大學醫學博士之認證與實驗，以證明其有效性。大致上主要是針對急性的疫病所引發的症狀進行研發、製造與販售，如解熱鎮靜藥品，就是日治時期報紙廣告的大宗，但是到了日治末期，這種救急性、萬能且萬病皆可治療的藥品，就較少出現於報紙的廣告宣傳中，反而是強調持續保持身體健康，補充營養且補血和補腦之保健產品，藉以提升免疫力之想法，在報紙廣告中宣傳。此外，化妝品成為醫藥品與醫藥外用品，在藥局和藥店進行販售。若從日治時期臺灣報紙廣告進行觀察，可以發

現報紙廣告初期所出現清潔目的的肥皂和齒磨粉的廣告，到了大正年間，才較多強調保養、預防和修飾性質的化妝品廣告出現，以及強調如藥品一樣有著特定效果的保養品出現，使得化妝和保養產品呈現出「醫療化」的特質。

日治時期著名的日本的製藥業者，為星製藥，星製藥在日治晚期才在臺灣進行進行製藥，主要還是以移入藥品為大宗業務。在星製藥進入臺灣的過程中，他不只和官方維持良好的關係，也和藥業相關人員有所聯誼和接觸，以求在臺業務能夠發展順遂。星製藥於臺灣銷售藥品，使用了專賣店的制度，在臺灣重要的城市設立支店專賣星製藥所製作的藥品，又在報紙廣告和宣傳活動上費盡心思，以求消費者的注意和購買，是日治時期於臺灣移入藥品的製藥業者中特殊的一例。因為以往，對於日本製藥業者於臺灣的活動，都無法清楚的知道其在臺灣如何發展業務，如何與當地的官方與民間聯絡，以成為其發展業務的助力。從星製藥的例子，可以一窺日本製藥業者移入藥品於臺灣藥業市場的面貌。

購買和接觸以上這些藥品的消費者，在日治時期，當外在條件有漢藥和西藥的不同選擇時，人民選擇漢藥或西藥的主要考量除了以往的使用習慣之外，只有是在經濟情況允許之下，有效的藥品，不論漢藥或西藥，都可以成為民眾的用藥選擇。即在西藥進入臺灣之後，消費者的用藥習慣，就不只有漢藥或是藉由民俗獲宗教療法可以解決。但日治時期臺灣的藥品市場中一直呈現藥品價格過高的狀況，消費者對於藥價有著直接的感受。消費者面臨藥價問題，實際的解決措施，並非由總督府來進行，而是由地方的團體或藥業、醫業團體代替一般百姓，和醫師與藥種商接洽、商議甚至是表達不滿。希望以此形成一股壓力，促使醫師和藥業者提出解決的方法。

至於藥業網絡中的藥業從業人員之間，除了透過交易的行為產生接觸之外，漢藥藥種商和西藥藥種商之間，也組成了互助合作的組合，組合除了強調藥業業務的互相協助，更希望藉由舉辦活動，推廣和宣傳藥品和相關的醫藥知識。此外，藥業相關人員，更藉由會議的方式，互相討論藥業網絡中的議題，使得藥業網絡中的相關人員，除了競爭之外，還能夠互相聯絡與合作。

總而言之，藥業網絡中的藥業從業人員究竟對臺灣藥業網絡、市場或消費者產生了哪些影響呢？

第一個影響是漢藥的科學化，這主要是受到臺灣總督府尊崇西醫而壓抑漢醫的政策影響，漢醫為了在市場中生存，所衍生出來的競爭方法，以增加消

費者對於藥品的購買，相信加上科學口號或驗證過的藥品，更為有效果。除此之外，漢藥使用機器生產，也彰顯了漢藥品走向科學化的一個步驟。而臺籍藥業從業人員對於漢藥在藥業網絡中地位的努力，從藥種商和賣藥者的營運就可以看出不乏努力經營者，如陳茂通，將科學與漢藥結合，成就一番局面。此外，也有不少女性的從業人員（包含藥劑師和藥種商，日治時期的藥劑師是西藥和漢藥都學，回到臺灣後甚至繼承家中的漢藥房，對病人進行診療，如莊淑旂）參與其中。

第二個影響為消費者對於副作用的認知，使得藥品的廣告中溫和、沒有副作用等廣告用語的出現。報紙的藥品廣告中，逐漸出現了溫和漢藥的藥品廣告，也顯現了消費者開始對藥品的副作用有了一定的認知。此外，西藥的藥品廣告，也常在廣告中標榜不含副作用，效果明顯等類似的廣告用語。即使有法令的規範，藥業從業人員仍然遊走於法律的邊緣：如廣告中誇張的用語。這其實反映了，日治時期臺灣藥業市場中賣藥者的競爭，若不加上誇張的用語吸引消費者的注意，也就無法吸引消費者購買。其中，成藥（Over The Counters，簡稱 OTCs）就是容易被賣藥者藉由廣告誇大的對象。成藥是指無醫師的處方籤也可在商店和藥局出售的產品，這些產品有時是經醫師或藥劑師的推薦後由病人去買，或病人自己作診斷後自行去購買，或經別人推薦後而去買。〔註3〕

第三個影響為藥品的功能決定於販售的價錢、便利性、有效性。日治時期臺灣藥品的有效性，其實決定於藥品販售的價錢，和藥品流通的網絡中消費者是否能夠方便的取得。從日治時期的報紙廣告中可以發現，針對各種疾病的治療藥品，大多已經研發製出。而消費者對於藥價減低的需求，其實反映了藥品流通的一個障礙就是藥品的價格。

第四個影響為化妝品的醫療化，這主要展現於藥品和化妝品的結合。從報紙的廣告中，可以發現各製藥業者，除了生產藥品之外，也生產化妝品，畢竟化妝品也是化學工業中的一項產品。此外，化妝品廣告中也強調了化妝品和藥品一樣所帶有的治療性和有效性。

第五個影響為藥業從業人員所經營的藥局（藥劑師經營）和藥店（藥種商等其他藥業從業人員經營），被民眾使用的效能，理應比官立醫院還要高。因

〔註3〕Milton Silverman Phlip R.Lee 著，王國裕摘譯，《藥品、利潤、政治》（臺北：臺灣省公共衛生教實驗院，1980 年），頁 24～28。

為官立醫院的診療費和藥品費用高，且能被民眾運用的據點比藥局和藥店還要少。藥劑師所販售的藥品或是醫療服務，雖然在法令中被禁止，但就民眾的需求而言，應比官立醫院中醫師或藥劑師所能提供的醫療協助還要多。對於民眾來說，若能不花錢買藥看醫師為最高的原則，若能使用藥品進行治療，何必多花一筆支出於診療的費用。

　　其實在日治時期臺灣的藥業網絡中還可以被探討的議題，還包含了筆者提及的官方藥品研究和民間藥業團體的藥品研究，兩者對於藥品的關注點，是否有所差異，而其研究成果是否真的都應用於藥品的改造上。另外，本文所討論的藥劑師所參與的業務會議，資料不夠充實，所以無法確切的表達出，藥劑師在業務會議中討論的議題，是否對於臺灣的藥業網絡產生了影響，並不是刻意弱化藥劑師此一專業的藥學人才在臺灣藥業網絡中的重要性。最後，就是本文最大的缺點，即論文所使用的材料在時序，有不夠完整的問題，往往只有利用一段時期的材料，論述日治時期有關臺灣藥業網絡的種種特點，有不夠全面週到之處，但主要還是希望藉由現有的材料，盡量構築出臺灣藥業網絡的圖像。

附錄一　日治時期臺灣藥業法令部份節譯條文

「臺灣藥劑師、藥種商、製藥者取締規則」（1896）

第一條：藥劑師是係按醫師處方箋調配藥劑者。藥材商（藥種商）是係販賣藥材（藥品）者。製藥者是係指製造藥品且販賣所製藥品者。

第二條：藥劑師應帶有內務大臣發給藥劑師執照或由臺灣總督給領藥劑師執照者。藥劑師欲開辦業務，則需向所開業處，應具稟並檢同執照呈報地方官廳。

第三條：藥劑師欲請領執照，應具稟連同履歷書由地方官廳轉呈臺灣總督府以便請領。藥劑師請領執照時，應呈繳規費金三圓。至稟請換照或再請領新照者，應呈繳規費金六圓。

第四條：藥材商及製藥者欲開辦業務，則應呈稟地方官廳，請領執照。

第五條：日本藥局方內載藥品，若非與該局方適合，不得販賣授與。日本藥局方外所開列外國藥局方內藥品，若非與該局方適合，一概不得販賣授受。

第六條：若不請領官准開藥劑師之業務者，或違反本章程第五條者，應處罰金五十圓、禁錮兩個月以下。

第七條：明治29年（1896）7月1日起施行。

各地方州廳「臺灣藥劑師、藥種商、製藥者取締規則施行細則」要點（1896）

　1. 臺灣藥劑師、藥種商、製藥者若要開業，需向所屬地方官廳提出本籍、

住所、姓名、出生年月日，開業的場所，營業的區別，藥品製造中藥品的品目及製法，製造工場的位置、構造、設計書、圖面及其四鄰六十間以內的略圖，以獲取營業證書，且於營業場所店頭揭示寫有營業種類、姓名與住所之招牌。以上事項若需變動或營業者失蹤、廢業、死亡，則需由其遺族或管理人至所屬官廳進行變更。

2. 製藥者、藥種商向所屬官廳提出製藥或營業許可申請時，需向地方官廳提出本籍、住所、姓名、出生年月日（法人的名稱、事務所的位置、代表者的住所及姓名），營業或製藥的場所，藥品貯藏所設立的位置，製作藥品的品目、種類、製法，經歷書（法人中技術者的經歷書）。若無免許證，藥種商及製藥者不得對藥品進行製造與販賣。所屬官廳則需向法人中之技術者或管理人測驗（書面和口頭）藥品的種類、性狀、製法及處理大意，關係法規的大要，藥品的實物鑑定。

3. 藥劑師若對處方箋藥品持有疑問，需向開立處方箋之醫師求證或訂正之，不得擅自調和藥劑給予病患。藥劑師在給予患者藥劑的包裝容器外，需記載患者的姓名與年齡、內用或外用、用法與用量、調劑的日期、藥局名稱與所在地，且蓋印證明之。藥劑師需使用和記錄郡役所或警察署檢印的調劑簿，使用後保存十年。

4. 臺灣藥劑師、藥種商、製藥者需記錄毒劇藥收支簿，且保存十年。

5. 臺灣藥劑師、藥種商、製藥者因營業上的不正當行為、行蹤不明三個月以上、觸及藥品的相關法令及休業三個月以上，營業許可將被取消，停止營業。

臺灣藥品取締規則（1900）

第一條：凡供醫療用藥品之性狀品質，其有記載日本藥局方者需要適合該局方之所定，其不記載於該局方者，亦要適合所據外國藥局方，不論何種藥局方，並某記載之新藥，應經內務省所管衛生試驗所檢查，記其試驗成績。

第二條：前條藥品非經內務省所管衛生試驗所或臺灣總督府製藥所試驗並經其封緘者，則不得販賣或授與他人。

第三條：日本藥局方及外國藥局方內有特說貯藏法者應從此定法貯藏。

第四條：如關日本藥局方及外國藥局方之貯藏法暨他規定，因另有由臺灣總

督酌定者，需遵依其所定。

第五條：藥品之容器或包紙應以國字或漢字記其藥名，可併記羅甸語（英語）或其他外國語。

第六條：毒藥、劇藥除由藥劑師或醫師照醫師處方箋交與病人外，醫師、藥劑師、藥種商、製藥者之間則不得賣買授與或藏存。苟因學術工業或營業之用及為預防傳染病充用消毒藥者，不在前項之限。

第七條：前條第二項之毒藥、劇藥應由該充用人做成證書記註藥名、量數、使用名目、年月日、住址、氏名、職業等項，並蓋用圖章方可販賣授與。前項證書自交付之日起，應保存滿十個年間。

第八條：毒藥、劇藥非藥劑師則不得開拆封緘零賣。

第九條：毒藥、劇藥應與他藥分別貯存，其貯存毒藥需備有鎖鑰之處所。

第十條：毒藥、劇藥除在藥品之容器或包紙，照第五條記載外，其毒藥宜記毒字，劇藥宜記劇字。

第十一條：毒藥、劇藥之處方箋每單應由調劑人蓋印，自該日起，保存至滿十個年。

第十二條：販賣欲供工業用之藥品，應就其容器記註工業用字樣，與醫療用藥品分別安置。

第十三條：毒藥、劇藥之品，自另由臺灣總督酌定頒示。（毒劇藥藥品品目後來陸續於 1932 年 6 月依內務省令第 21 號第五改正日本藥局方第二表和第三表揭示，於 1932 年 10 月 1 日施行。）

第十四條：臺灣總督應令監視員巡視藥品之製造、販賣、貯藏或使用處所。

第十五條：監視員若有費消藥品，其係為查驗，不得向其請求價值。

第十六條：本章程內所關醫師規定，總對獸醫準用。

第十七條：違背本章程可處以罰金。

附則第十八條：本章程自明治 34 年（1901）1 日 1 日起施行。

臺灣賣藥營業取締規則要點（1912）

1. 成藥製造業者欲發行所製成藥時，容器內需附加用法、用量及效能說明書，並將自己姓名、商號、營業地點及成藥名稱、定價，標明而封緘之關於成藥的效能，不論以文書、語言或其他任和方法，除說明其得有許可事項外，不得誇張而公示之。

2. 關於成藥廣告或在賣藥容器或包皮或添附於成藥或不添附之說明書

等，不得刊載下列諸事項：暗示避孕或墮胎之記事；虛偽誇張之證明，或謂有醫師等為保證效能，使世人易生誤解之記事；暗示醫治為無效，或暗以誹謗醫師之記事。

3. 如欲從事成藥製造業，或經營輸入、移入及販賣成藥者，需呈請地方廳之許可，呈報廳長姓名、住所、本籍地、出生年月日；法人的商號、本店所在地、代表者的姓名；營業的場所；營業場所之外，若有製造工場則工場的所在地。

4. 欲從事賣藥製造與輸入者，需交付一部份的製藥原料與樣本和賣藥的名稱，賣藥的原料、份量及調製方法，賣藥的用法與用量、賣藥的效能，輸入藥材進行製造者的姓名、商號及營業場所給委任地方廳，以獲取臺灣總督的許可。

5. 賣藥販賣營業者需將營業者的姓名、住所、本籍地、出生年月日，法人的商號、本店所在地、代表者的姓名，店賣或行商的類別，店賣的營業場所等事項提交廳長，以得到營業的許可。賣藥販賣營業者需向廳長提出賣藥的名稱，製造者的姓名、商號及營業的場所，藥品若為進口，則輸入者的姓名、商號及營業的場所。

6. 賣藥販賣者不得擅自拆開藥品的封緘，以零售之。

7. 賣藥販賣營業者營業使用人若為行商則需向廳長檢附賣子鑑札和提出姓名、住所、本籍地、出生年月日。營業時須攜帶營業許可書和賣子鑑札，且不可將以上的證書讓渡或借貸使用。

8. 賣藥製造、移輸入、販賣、行商者若要廢止業務、移轉製藥工場或新設工場，需於 10 日以內向廳長提出。若確定為廢業者，向將營業許可證交還廳長。

9. 賣藥製造、移輸入、販賣、行商者若要對營業許可證進行變更，需在 10 日以內向廳長提出。若許可證遺失或毀損，則需在 5 日以內向廳長提出，以重新申請。

10. 賣藥製造、移輸入、販賣、行商者若於營業中有不法之情事，廳長得以對其處以罰金且取消其許可證、禁止其繼續營業。和營業者相關之代理人、戶主、家族、同居者、雇人以及其他從業者，若是因為出於營業者的指揮，而導致違反本令之規定，和營業者之相關人等免受懲罰。

「藥劑師法」（1925）

第一條：藥劑師是依醫師或獸醫師之處方而調劑者。

第二條：藥劑師的資格如下，依大學令之大學修習藥學，得稱為學士者。畢業於官立藥學專門學校、醫科大學附屬藥學專門部或醫學專門學校藥學科者，或畢業於文部大臣認為有同等以上學力而予以指定之學校者；藥劑師考試及格者；畢業於外國藥學校或在外國得有藥劑師執照而適合於命令之規定者。

第三條：內務大臣如遇以下條件者不得給與其藥劑師免許證：被判六年以上刑事懲役或禁錮者；未成年與禁治產者；盲啞者及有精神疾病者。

第四條：內務大臣如遇以下條件者不得給與其藥劑師免許證：被判六年以內刑事懲役或禁錮者；因為藥事的不當行為而被處以罰金者。

第五條：若非藥劑師不得以販賣或授與之目的而行調劑。又規定，藥劑師以販賣或授與之目的調劑者，應於藥局行之。

第六條：非藥劑師不得開設藥局，但以命令定者，不在此限。又規定，藥局所關必要事項以命令定之。

第七條：非藥劑師不得對於藥局進行管理。

第八條：藥劑師於調劑的場合，應不論晝夜，只要是正當之理由，都不得拒絕調劑。

第九條：藥劑師應對醫師、齒科醫師等所開之處方箋進行調劑，若對處方箋有疑者，應向開設處方箋之醫師求證，才可進行調劑。

第十條：藥劑師應針對醫師所開之處方箋藥品進行調劑，不得以其他藥品替代之，缺乏藥品的情況下，不在此限制之列。

第十一條：藥劑師針對處方箋調劑毒藥與劇藥時，應保存其處方箋三年，且需對所調劑之處方份量紀錄且蓋印。

第十二條：開設藥局需準備記錄簿，記載和調劑相關的事項，也保存此記錄簿三年。

「藥劑師法施行規則」（1925）

第一條：藥劑師法第二條第二項第一號所指定的學校需依照文部大臣於同法第二條第二項第一號所指定的學校為準。

第二條：藥劑師法第二條第二項第二號的藥劑師試驗，需依照明治32年內務

省令第三號藥劑師試驗規則及大正二年文部省令第二十九號藥劑師試驗規則進行試驗。

第三條：藥劑師法第二條第二項第三號的資格需依照以下的資格，才可得到藥劑師執照。

一、依照大正十五年勅令第十六號依內務大臣指定的外國國籍，且有該國藥劑師執照者，由臺灣總督認定其適當有此資格者。

二、外國藥學校畢業，且於外國有藥劑師執照者，由臺灣總督認定其為帝國臣民者。

第四條：接受藥劑師的免許和登記者，需將有依照藥劑師法第二條第二項所記載資格、資格取得的年月、本籍（本島人寫本居地，外國人則寫其所屬的國籍）、住所、姓名、出生年月日的申請書和戶籍抄本及和資格有關的畢業證書、試驗合格證書，若於外國取得資格，則附上外國藥劑師免許證，將以上文件及登記事項，向臺灣總督提出。登記過後，則給予藥劑師登記證。

第五條：藥劑師名簿所需登記的事項如下

一、登記號碼及登記的年月日。

二、本籍、姓名、出生年月日、性別。

三、藥劑師第二條第二項的資格及資格取得的年月日。

四、業務停止的事由、期間和年月日。

五、附上免許證及登錄證的事由及年月日。

六、登記抹消，其事由其年月日。

第六條：藥劑師前條第二號登記的事項，若有變更，需說明事由且附上免許證、登錄證及戶籍抄本，於二十日內向臺灣總督提出登記變更申請。藥劑師前條第三號的登記事項所產生變更，需說明事由且附上新取得的資格證書、免許證、登錄證，向臺灣總督提出登記變更申請。

第七條：藥劑師的免許證和登錄證若遺失或毀損時，需說明事由及毀損的場合，附上發錄證及免許證於二十日內向臺灣總督提出登錄證免許證的申請。若申請之後，發現了遺失的登錄證和免許證，需向臺灣總督提出。

第八條：第四條第一項的申請，需付手續費六圓；第四條第二項和第六項的申請，需付手續費一圓。收取手續費後，會於申請書上貼附印紙，且

一旦繳納，手續費即不退還。

第九條：藥劑師登記取消，需向臺灣總督提出事由、免許證、發錄證進行申請，若藥劑師死亡或失蹤，則依照明治三十八年府令第九十三號的戶口規則，由屆出的義務者於二十日內辦理前項手續。

第十條：依照藥劑師法第六條第一項但書的規定，若要開設藥局需符合下列條件：公共團體和特別得到知事或廳長認定許可者。

第十一條：開設藥局，該藥局管理者之藥劑師需在十日以內向藥局所在地的知事或廳長提出藥局所在地及名稱還有管理藥局的藥劑師和其他藥劑師的姓名，若要進行變更則如同以上規定。

第十二條：藥局需時常保持採光和通風、清潔良好的狀態。

第十三條：藥局需設在較為冷暗之處。

第十四條：藥局需備有日本藥局方第一表的藥品，但法令所定的藥品需接受封緘，若有其他不得已的事由或一時缺乏封緘之場合，不再此限。

第十五條：藥局需準備調劑上所需的器具。

第十六條：知事或廳長得以根據第十二條、第十三條及前條之規定，為了藥局整潔等事項，命令藥局新設、變更或停止使用該局設備。

第十七條：藥劑師法第十二條第二項規定調劑錄上需記載下列事項：處方箋記載的事項；調劑的年月日；調劑者的姓名；處方箋指定使用的期間，和調劑藥品的調劑量；處方箋需有醫師、齒科醫師、獸醫師的證明；醫師、齒科醫師、獸醫師需同意為其調劑且註明藥品名及份量。

第十八條：藥劑師於販賣和調劑的場所中藥劑所使用的藥包和容器，需註明以下事項：處方箋記載的患者姓名和用量與用法；藥局所在地及名稱，還有調劑者的姓名；調劑年月日。

第十九條：知事或廳長若認為藥劑師有處分之必要需向臺灣總督提出。

第二十條：若違反藥劑師法第十六條第一項或第二項的規定遭受取消免許的處分，需在六日以內將免許證繳回給臺灣總督。

第二十一條：違反藥劑師法而受到處分者，需於五日之內向所在地的知事或廳長提出免許證和登錄證。廳長或知事需於免許證和登錄證後記載處分的要旨，處分的期限若到，則歸還藥劑師其免許證和登錄證。

第二十二條：下列情況，需於府報公告藥劑師的本籍、姓名、事由及其他認為
必要的事項。

一、藥劑師名簿的登記或登記的取消。

二、補發免許證或登錄證時。

三、業務的停止及進行停止的處分時。

四、業務的禁止及解除禁止時。

第二十三條：若違反第十四條、第十八條、第二十條、第二十一條第一項、第
十六條，需處百圓以下之罰金。

第二十四條：若違反第六條第一項、第七條、第九條第二項、第十一條的規定
時，需處以罰金。

附則：本令於藥劑師法施行時實行。本令施行的三個月內，未辦理登記者，需
向臺灣總督提出免許證（包含內務大臣的免許證）進行登記。依照藥劑
師法附則第三項的規定，醫師、齒科醫師、獸醫師與調劑相關之場合，
皆準用第十二條、第十三條、第十五條、第十六條之罰則規定。知事或
州長得以命令監視員至以上調劑之場所進行巡視。

各地方州廳「藥劑師法施行細則」要點（1925）

第一條：依照本令或藥劑師法施行規則向管轄該藥局之警察署提出書面申請。

第二條：藥劑師的住所若要進行變更，則需在 10 日以內向知事提出以下申請：
新舊住所、姓名、出生年月日、免許資格及取得的時間、免許登記的
號碼及時間。

第三條：若遇到以下的情形，可依照規則第十條第二號的規定給予藥局開設的
許可：藥局開設者死亡，繼承者有意承繼藥局；公益藥局的開設；依
照土地的狀況和公眾衛生的需求開設藥局；法人代表者開設藥局，且
由藥劑師實際進行經營與監督。

第四條：依照前條的規定獲取開設藥局許可者，需向知事提出以下的事項，包
含本居地住所、姓名、出生年月日（法人名稱、稅額、事務所所在地、
管理者中藥劑師的姓名、出生年月日、免許證和登錄證），以上需提
出書面資料於 10 日以內提交知事；藥局所在地及名稱；藥局開設的
事由及期間。

第五條：藥局開設證書，除了紀錄管理者和藥劑師的住所外，還需附上免許證。

第六條：藥局開設者，需於店門口醒目之處，揭示藥局的名稱及藥劑師的姓名。

第七條：藥局開設者若休業 30 日以上，可提出藥局廢止。

第八條：依照規定領有藥局開設許可者，若遇到領有許可者死亡或法人解散、廢業與遭受處分以致許可被取消的情況下，需於五日之內歸還許可證給知事，若藥局開設者死亡，則依照戶口規則，由戶口中義務者歸還。

第九條：開設藥局之許可證若毀損、遺失或需對許可證內容產生異動，需於 10 日以內，重新申請。

第十條：藥局需具備以下的器具：截丸器、成丸器、坐劑器、篩器、藥研、剉細器、天坪、調劑器、規定之計量器、滅菌器等。

第十一條：藥局需依照調劑錄的格式進行記錄，需記錄患者的姓名、年齡、住所，藥名份量、用法份量、醫師姓名、調劑者姓名、調劑的時間。

第十二條：非藥局不得使用藥局的名稱。

第十三條：藥劑師若要從事藥品製造業，則需檢附藥劑師免許證和住所、姓名、營業所的位置、製藥所的位置、製藥所的空間構造配製圖、藥品貯藏所的位置、製造藥品的品目、藥品製造方法之要旨，向知事提出。

第十四條：藥劑師若是要在所開設的藥局從事單一藥品的販賣，則需檢附藥劑師免許證，向知事提出姓名、住所、營業所的位置、藥劑貯藏的位置。以上事項若有更動或是停止販賣，需於 10 日以內向知事提出。

第十五條：藥劑師每年製造的藥品名稱、種類、數量，需於隔年 1 月 31 日前向知事提出。

第十六條：藥劑師若在業務上有犯罪或不當的行為、無故休業 60 日以上、知事認定有必要者，則會被取消藥局營業的許可且停止使用藥局。

第十七條：知事和廳長得以對藥劑師調劑之場所進行巡視，藥劑師於官吏要求檢視免許證和登記證時，不得拒絕。

第十八條：法人所開設之藥局，由藥局開設者、代表者、管理者適用此法則。

臺灣麻藥類取締規則（1929）

第一章　總　則

1. 本法令所指的麻藥，是指「モルヒネ」、「ヂアセチールモヒネ」、「コカイン」等藥品。

2. 本法令適用於醫業者（醫師、齒科醫師、獸醫師）施行診療和開製處方時和藥業者（藥劑師、藥種商及製藥者）。

3. 麻藥限於醫藥和學術用途，非用於以上用途，不可對麻藥進行製造、輸入、移入、輸出、移出、買賣、授受及所有、所持。

第二章　麻藥的製造

1. 若要對麻藥進行製造，需向臺灣總督提出麻藥的品名、原料的種類、原料為自產或買入、製品的販路、一年的預定製造數量、製造的地點、製造麻藥建築物的種類、製造的場所與平面圖、製造負責人的資格，以獲得許可。

2. 若獲得麻藥製造的許可，需於藥品容器外標明品名、數量、製造年月日、製造者的姓名和商號、營業所所在地和電話號碼。

3. 獲得麻藥製造許可者，需備有帳簿，記載以下的事項：原料的使用和現在的數量、製造過程中遭遇事故致使原料和麻藥損失的數量、使用原料所生產出的麻藥數量、麻藥販賣出的數量、年月日、容器的號碼和買者的住所、職業、姓名和商號。該帳簿需保存三年。

4. 獲得麻藥許可製造者需於隔年的 1 月 31 日向臺灣總督提出各原料買入、使用及年底時的數量以及各麻藥製造賣出的數量和年底時的數量。

第三章　麻藥的輸入、移入、輸出、移出及通過、積換

1. 有關麻藥的輸入、移入、輸出、移出，若要輸入、輸出需向臺灣總督交付以下資訊，若要移入、移出需向所轄知事或廳長交付以下資訊，以獲得許可。包含品名及數量；輸入、移入、輸出、移出的目的；負責輸出或輸入者的住所、姓名或商號；輸入、移入、輸出、移出的預定日期；運輸的方法；輸入、移入、輸出、移出的港口名稱（限定基隆港或高雄港）；輸入和移入者需附上移入或輸入地官憲的許可證明書。

2. 若獲得許可輸入或移入麻藥，則需於藥品容器外標示以下事項：輸入或移入的年月日、輸入者的住所、姓名或商號及藥品號碼（依照不同的容器按照時間順序依次編號）。

3. 輸入、移入、輸出、移出之行為若超過輸入、移入、輸出、移出預定的日期，則許可證效力失效。

4. 麻藥輸入、移入、輸出、移出後，輸入和輸出者需於 10 日之內向臺灣總督，而移入、移出者則需向所轄知事或廳長提出麻藥的品名、數量、年月日及許可證的號碼。

5. 麻藥若以在臺灣積換或通過臺灣為目的，則需將麻藥保管於官稅保稅倉庫。

6. 獲得麻藥輸入、移入、輸出、移出者，需備有帳簿，記載以下的事項：輸入、移入、輸出、移出的品名、數量、年月日和容器號碼以及接受輸入、移入、輸出、移出麻藥藥品者的地址、負責人的職業、姓名或商號。該帳簿需保存三年。

第四章　麻藥的買賣、授受及所有、所持

1. 藥業者、醫業者需經由臺灣總督的許可才能進行買賣、授受及所有、所持麻藥。

2. 藥劑師或醫業者可因調劑之目的，販賣或讓渡所有或持有之麻藥。

3. 醫業者或藥業者需向所轄知事或廳長提供麻藥品名、數量、使用的目的、場所及時間，且獲得許可，才能用於學術目的。

4. 麻藥若經由分裝販賣或讓渡，需於藥品容器外標示品名、數量、販賣或讓渡的住所、職業、姓名或商號、分裝的年月日及藥品的號碼（依照不同的容器按照時間順序依次編號）。

5. 醫業者或藥業者所持有之麻藥，應貯藏於有鎖鑰之場所。

6. 醫業者或藥業者應備有帳簿記載麻藥買入及支出的數量、麻藥持有者的姓名或商號、住所、職業。該帳簿需保存 3 年。

7. 醫業者或藥業者需於隔年的 1 月 31 日向所轄知事或廳長提出麻藥買入、支出及年底時的數量以及麻藥用於製藥、調劑（包含治療）、學術使用的數量。

第五章　古柯及印度大麻

1. 需向臺灣總督提出以下事項，才能獲得栽培古柯以採取古柯葉之許可：栽培的場所、面積及平面圖（1200 分之 1）；栽種的時間；古柯葉的使用方式（製藥、販賣）；用於貯藏、加工古柯葉的建築物所在地。

2. 獲得臺灣總督栽培古柯葉的許可之後，需於栽種期滿後十日之內，向臺灣總督提出栽種的場所及面積資訊。

3. 栽培者需備有帳簿記載古柯葉的生產數量、使用的數量和日期、古柯葉使用者的住所、職業、姓名或商號、古柯葉現在的數量。該帳簿需保存 20 年。

4. 栽培者需於隔年的 1 月 31 日向臺灣總督提出古柯葉生產、使用、讓渡與年底的數量。

5. 印度大麻栽種基於提供麻藥原料之目的，其規範準用栽種古柯之標準。

第六章　雜則與罰則

1. 醫師於診斷中若發現有麻藥中毒者，應向所轄知事或廳長提出中毒者的住所、職業、姓名、年齡、性別。

2. 臺灣總督有必要對於麻藥中毒者進行矯正。

3. 臺灣總督認定有必要時，需對麻藥的製造、古柯及印度大麻的栽培、古柯葉及大麻的採取加以限制。

4. 臺灣總督基於管理上的必要，可使所屬官吏檢查醫業者或藥業者等獲得許可者之藥品製造場所、栽培地點、店鋪和其他場所、原料、製造品、器具、機械、帳簿等其他物件，且指示麻藥貯藏之方法。

5. 若有業者於業務上發生不正當之行為，可依法令規定施行禁錮或罰金之處分。

資料來源

1. 行政院衛生署編，《臺灣地區公共衛生發展史（一）》（臺北：行政院衛生署，1995 年），頁 74 和 207～208。

2. 只野典男編，《內地、臺灣醫事藥事法典（附關係法令、限地開業醫師及藥種商試驗案內其他）》（臺北：醫事藥事法典刊行會，1928 年），頁 209～213。

3. 林天定，《臺灣漢藥學》（臺中：臺中藥學講習會，1930 年），頁 260～310。

4. 高雄州醫師會，《臺灣醫業關係法令集》（高雄：高雄醫師會，1937 年），頁 283～286 和 290～293。

5.〈藥劑師法施行規則〉，《臺灣醫學會雜誌》28 卷 288 期，1929 年，頁 441～444。

6. 臺灣藥學會編，《加除自在臺灣藥事法規》（臺北：編者，1931 年），頁 91～101。

附錄二　臺北市藥業組合組合員和幹部名單（1939）

店　名	營業別	姓　名
製綿商	製藥者	鈴木豬三郎
臺灣酸素合資會社	製藥者	波江野吉太郎
合資會社高尾商店	製藥者	古谷增太郎◎
臺灣織物株式會社	製藥者	臺灣織物株式會社
千歲藥鋪	製藥者、賣藥及賣藥類似品（店賣）	末廣喜一○
倉橋寫真館賣藥部	賣藥（店賣）	倉橋宗熹
新高堂	賣藥（店賣）	村崎長昶
コドモヤ	賣藥（店賣）	塚田勇
臺北驛構內賣店	賣藥（店賣）	友寄英實
臺北法院構內賣店	賣藥（店賣）	栗屋真一郎
ミドリ屋商店	賣藥（店賣、移入）	三浦登三郎
臺灣物產紹介所	賣藥（移入）	桑原直
いさやか製藥株式會社宣傳部	賣藥（移入）	橫倉信之助
	賣藥（移入）	加藤健之助
平坂製藥所臺灣出張所	賣藥（移入）	小島虎太郎
バスペツブ臺灣總代理店	賣藥（移入）	三卷政惠

長生堂藥房臺灣出張所	賣藥（移入）	高木友一
東尋坊藥鋪	賣藥（移入）	八木正二
福井館內	賣藥（移入）	倉本清登
株式會社竹腰商店	賣藥（移入）	竹腰進一
平林商店	賣藥（移入）及賣藥類似品（店賣）	平林清藏
寶生堂	賣藥（移入）及賣藥類似品（店賣）	鈴木ミヤ
春陽堂藥房	賣藥（移入）及賣藥類似品（店賣）	延岡モイ
	賣藥（移入、行商）	石井莊藏
國旗堂藥房	賣藥（移入、行商）	池田時雄
大盛堂	賣藥（移入、行商）	小林九八
福井館內	賣藥（移入、行商）	梶武次
	賣藥（移入、店賣）	池田數馬
	賣藥（移入、店賣）	赤澤松一
藤井吳服店	賣藥（移入、店賣）	藤井源吉
加茂川	賣藥（移入、店賣）	木場秀信
株式會社賀田組	賣藥（移入、店賣）	酒井政一郎
瀧村兄弟商行	賣藥（移入、店賣）	瀧村政太郎
川本金物店	賣藥（移入、店賣）	川本秀助
ナンオー商會	賣藥（移入、店賣）	三浦宰一
百草根河底商店	賣藥（移入、店賣）	河底新一
	賣藥（移入、店賣）	日高為德
	賣藥（移入、店賣）	原田みやる
	賣藥（移入、店賣）	松田時馬
大光堂	賣藥（移入、店賣）及賣藥類似品（店賣）	村樫留八
相澤製綿所	賣藥（移入、店賣、行商）	相澤三四郎
東條商會	賣藥（移入、店賣、行商）	東條萬喜男
ツリガネ堂	賣藥（移入、店賣、行商）	清水榮藏
山崎藥物研究所	賣藥（製造）	山崎蕎
	賣藥（製造）	佐藤辰也
荒川醫院	賣藥（製造）	荒川哲
市田寫真館	賣藥（製造）	藤井初太郎
鈴木商行	賣藥（製造）	鈴木利吉

君子堂	賣藥（製造）	武藤嘉藏
高砂化學株式會社	賣藥（製造）	堀內利器
	賣藥（製造）及賣藥類似品（店賣）	田澤震五
津崎天晴堂	賣藥（製造、行商）	津崎直太郎
厚生堂	賣藥（製造、店賣）	小橋川タメ
伊藤信工作所	賣藥（製造、店賣）	伊藤信道
福壽堂藥房	賣藥（製造、店賣）	土肥逸太郎
キンゲ商會	賣藥（製造、店賣、行商）	角野永吉
	賣藥及賣藥類似品（行商）	石內勝治
臺北購買組合	賣藥及賣藥類似品（店賣）	越山正彥○
總督府構內	賣藥及賣藥類似品（店賣）	鈴木重嶽
古谷商會	賣藥及賣藥類似品（店賣）	吉谷七五郎
宮下商店	賣藥及賣藥類似品（店賣）	宮下義一
友廣本店	賣藥及賣藥類似品（店賣）	友廣政七
菊元百貨店	賣藥及賣藥類似品（店賣）	重田榮治○
石內商店	賣藥及賣藥類似品（店賣）	石內臺三
友廣支店	賣藥及賣藥類似品（店賣）	友廣作平
伊東北門藥房	賣藥及賣藥類似品（店賣）	伊東虎平
柏木商店	賣藥及賣藥類似品（店賣）	田中勇
	賣藥及賣藥類似品（店賣）	村木宰一
坂本商店	賣藥及賣藥類似品（店賣）	坂本半作
	賣藥及賣藥類似品（店賣）	森靜子
赤十字賣店	賣藥及賣藥類似品（店賣）	山村良二
博多屋	賣藥及賣藥類似品（店賣）	高木直造
朝日屋	賣藥及賣藥類似品（店賣）	根石リワヨ
加藤商店	賣藥及賣藥類似品（店賣）	加藤鈴江
高井商店	賣藥及賣藥類似品（店賣）	高井さ
鈴木商店	賣藥及賣藥類似品（店賣）	鈴木用平
ミコトヤ	賣藥及賣藥類似品（店賣）	織田鳥之助
十一屋商店	賣藥及賣藥類似品（店賣）	田中サエ
天山紙店	賣藥及賣藥類似品（店賣）	沖田岩三郎
	賣藥及賣藥類似品（店賣）	鈴木土佐
井坂商店	賣藥及賣藥類似品（店賣）	井坂キタヨ

カモジヤ號	賣藥及賣藥類似品（店賣）	加茂友一
池森商店	賣藥及賣藥類似品（店賣）	池森永二郎
	賣藥及賣藥類似品（店賣）	三浦萬次郎
佐野支店	賣藥及賣藥類似品（店賣）	小坂シズ
田中商店	賣藥及賣藥類似品（店賣）	田中彌市
川田商店	賣藥及賣藥類似品（店賣）	川田キミ
アセイ精效堂	賣藥及賣藥類似品（店賣）	淺井守成
水木商店	賣藥及賣藥類似品（店賣）	水木セキ
㊎	賣藥及賣藥類似品（店賣）	福永初助
一心堂	賣藥及賣藥類似品（店賣）	平田龜男
野野田商店	賣藥及賣藥類似品（店賣）	野野田周教
	賣藥及賣藥類似品（店賣）	細田榮重
	賣藥及賣藥類似品（店賣）	平尾武平
臺灣廣告社	賣藥及賣藥類似品（店賣）	伊東フジ
花房商店	賣藥及賣藥類似品（店賣）	花房沖津
	賣藥及賣藥類似品（店賣）	岡田シカ
	賣藥及賣藥類似品（店賣）	後藤キチ
藤山商店	賣藥及賣藥類似品（店賣）	藤山太郎
奧山商店	賣藥及賣藥類似品（店賣）	奧山傳
春雨堂藥鋪	賣藥及賣藥類似品（店賣）	西田イサ
濱本救命堂	賣藥及賣藥類似品（店賣）	濱本ハナヨ
淀屋	賣藥及賣藥類似品（店賣）	先崎ヤス
ニコク堂	賣藥及賣藥類似品（店賣）	片山サヨ
鹿田食料品店	賣藥及賣藥類似品（店賣）	鹿田一二
	賣藥及賣藥類似品（店賣）	川內トク
時山商店	賣藥及賣藥類似品（店賣）	時山三之助
仁生堂	賣藥及賣藥類似品（店賣）	達木仁平
坂口商店	賣藥及賣藥類似品（店賣）	坂口マシ
有田屋	賣藥及賣藥類似品（店賣）	有田源吉
小島屋	賣藥及賣藥類似品（店賣）	杉內トシ
茶山仁生堂	賣藥及賣藥類似品（店賣）	茶山トナ
松永商店	賣藥及賣藥類似品（店賣）	松永健輔
	賣藥及賣藥類似品（店賣）	建部ラク

安達商店	賣藥及賣藥類似品（店賣）	安達トヨ
	賣藥及賣藥類似品（店賣）	森田良次
大司商行	賣藥及賣藥類似品（店賣）	慶謙治
松原商店	賣藥及賣藥類似品（店賣）	松原富子◎
松本商店	賣藥及賣藥類似品（店賣）	松本仁山
永井商店	賣藥及賣藥類似品（店賣）	永井ヨシ
	賣藥及賣藥類似品（店賣）	大谷ケイ
廣島商店	賣藥及賣藥類似品（店賣）	廣島卯三郎
	賣藥及賣藥類似品（店賣）	英賀大三
ホシナ商店	賣藥及賣藥類似品（店賣）	法信しま
ヤマト種苗園	賣藥及賣藥類似品（店賣）	長坂善作
吉野屋	賣藥及賣藥類似品（店賣）	福井宗治
三辰堂藥鋪	賣藥及賣藥類似品（店賣）	矢野龜太郎
中井商店	賣藥及賣藥類似品（店賣）	中井ゆみ
山田藥店	賣藥及賣藥類似品（店賣）	水野れい
あけぼの藥鋪	賣藥及賣藥類似品（店賣）	岩佐榮久
佐藤商店	賣藥及賣藥類似品（店賣）	佐藤石之助
高砂商店	賣藥及賣藥類似品（店賣）	中原才之助
昭和堂片岡商店	賣藥及賣藥類似品（店賣）	片岡なお
田林賣藥商	賣藥及賣藥類似品（店賣）	田林俊道
保命堂藥鋪	賣藥及賣藥類似品（店賣）	井野邊はな
新照堂	賣藥及賣藥類似品（店賣）	柴田キヨノ
	賣藥及賣藥類似品（店賣）	片山ラク
昭和倶樂部物品配給所	賣藥及賣藥類似品（店賣）	堂道長作
平安堂	賣藥及賣藥類似品（店賣）	新屋平作
山田商店	賣藥及賣藥類似品（店賣）	山田貢
金重支店	賣藥及賣藥類似品（店賣）	金重米作
泉商店	賣藥及賣藥類似品（店賣）	廣島サト
さつさ商店	賣藥及賣藥類似品（店賣）	村儀トシコ
	賣藥及賣藥類似品（店賣）	小川ナツ
正野商店	賣藥及賣藥類似品（店賣）	正野金作
續商行	賣藥及賣藥類似品（店賣、移入）	續信一

合資會社十一屋商店	賣藥及賣藥類似品（移入）	脇村清吉〇
藤田商店	賣藥及賣藥類似品（移入）	藤田敏男
神木洋行	賣藥及賣藥類似品（移入）	神木次郎〇
福屋館方	賣藥及賣藥類似品（移入、行商）	橋井榮太郎
株式會社臺灣宅商會	賣藥及賣藥類似品（移入、店賣）	石原玉意〇
盛進商行茶舖	賣藥及賣藥類似品（移入、店賣）	中村せい
合資會社桀五商店	賣藥及賣藥類似品（移入、店賣）	馬場彦太郎〇
株式會社近藤商會	賣藥及賣藥類似品（移入、店賣）	近藤勝次郎〇
鐵之湯溫泉	賣藥及賣藥類似品（移入、店賣）	堀澤國平
菊谷商店	賣藥及賣藥類似品（移入、店賣）	菊谷隆一
桑田商店	賣藥及賣藥類似品（移入、店賣）	桑田松次郎
人丸堂	賣藥及賣藥類似品（移入、店賣）	長谷川宗七郎
今村大盛堂	賣藥及賣藥類似品（移入、店賣）	今村ナカ
金重本店	賣藥及賣藥類似品（移入、店賣）	金重喜作〇
藤田商店	賣藥及賣藥類似品（移入、店賣）	藤田敏男
大學堂藥房	賣藥及賣藥類似品（移入、店賣）	井上彦三郎
南邦商事合資會社	賣藥及賣藥類似品（移入、店賣）	森田正興
平野藥鋪	賣藥及賣藥類似品（移入、店賣）	平野陸之助
片野商店	賣藥及賣藥類似品（移入、店賣）	片野友市
新保商店	賣藥及賣藥類似品（移入、店賣）	新保コウ
健康社	賣藥及賣藥類似品（移入、店賣、行商）	隅田德次郎
成保商行	賣藥及賣藥類似品（製造）	幡野隆重
臺北廣貫堂	賣藥及賣藥類似品（製造、店賣、行商）	桑田忠三郎◎
南和商工株式會社	賣藥類似品（店賣）	小林啟七
船岡商會	賣藥類似品（店賣）	船岡萬作
佐藤時計店	賣藥類似品（店賣）	佐藤佐次郎
平尾商店	賣藥類似品（店賣）	平尾啟二郎
伊田商店	賣藥類似品（店賣）	伊田長一
高田商店	賣藥類似品（店賣）	高田久四郎〇
コマドリ食料品店	賣藥類似品（店賣）	金崎末吉
里見商店	賣藥類似品（店賣）	西川ナオ
酒煙草屋	賣藥類似品（店賣）	高塚平七
辰馬商會	賣藥類似品（店賣）	川端昇太郎〇

船戶商店	賣藥類似品（店賣）	船戶寬一
平山商店食料品卸賣部	賣藥類似品（店賣）	平山アサエ
肥前商會	賣藥類似品（店賣）	田中德次郎
松尾本店	賣藥類似品（店賣）	松尾布治五郎
福井屋	賣藥類似品（店賣）	道關義正
	賣藥類似品（店賣）	足利スエ
山中園茶舖	賣藥類似品（店賣）	高田久四郎
	賣藥類似品（店賣）	久保ミエ
二之湯商店	賣藥類似品（店賣）	二之湯新助
新保商會	賣藥類似品（店賣）	福田ユキ
太田商店	賣藥類似品（店賣）	太田直吉
福丸	賣藥類似品（店賣）	加加美銀次郎
太田商店	賣藥類似品（店賣）	太田喜八郎
御國屋	賣藥類似品（店賣）	豆田彥次
新起商會	賣藥類似品（店賣）	高尾貞藏
深田商店	賣藥類似品（店賣）	深田忠廣
宇佐美本店	賣藥類似品（店賣）	宇佐美精七
渡邊商店	賣藥類似品（店賣）	渡邊富治
西野商店	賣藥類似品（店賣）	西野倉藏
河村商店	賣藥類似品（店賣）	河村ヒサコ
藤本食料品店	賣藥類似品（店賣）	藤本道明
波田商店	賣藥類似品（店賣）	波多亥次郎
	賣藥類似品（店賣）	松田キクエ
南陽堂	賣藥類似品（店賣）	鍵山又市
	賣藥類似品（店賣）	畑井アイ
	賣藥類似品（店賣）	辻畑勘一
	賣藥類似品（店賣）	三谷淺吉
白山堂	賣藥類似品（店賣）	幸野カヨ
	賣藥類似品（店賣）	乙部サキ
福成商店	賣藥類似品（店賣）	福成惣太夫
有限責任臺總購買組合	賣藥類似品（店賣）	大森政春

梅屋商店	賣藥類似品（店賣）	衛椿裕
住吉商店	賣藥類似品（店賣）	住吉シゲ
千鳥屋	賣藥類似品（店賣）	加美山フジ
長谷川商店	賣藥類似品（店賣）	長谷川常吉
宮崎本店	賣藥類似品（店賣）	清水貞一
靜愛舍茶舖	賣藥類似品（店賣）	細川市壽
竹下商店	賣藥類似品（店賣）	竹下マス○
はるさ	賣藥類似品（店賣）	奧村貞吉
大阪屋	賣藥類似品（店賣）	山口由五郎
中西商店	賣藥類似品（店賣）	中西フチ
日の出商店	賣藥類似品（店賣）	久木元テル
市場內松尾支店	賣藥類似品（店賣）	宇佐美兼市
市場內宮崎支店	賣藥類似品（店賣）	綾宗行忠
牟田商店	賣藥類似品（店賣）	牟田淺市
大島商店	賣藥類似品（店賣）	大島ソメ
秋山商店	賣藥類似品（店賣、行商）	秋山繁藏◎
西村商會	賣藥類似品（移入）	西村武士郎
戶田化學研究所	賣藥類似品（移入）	濱本勝美
株式會社吉野屋商店	賣藥類似品（移入）	安田治太郎
株式會社越智支店	賣藥類似品（移入）	岡部徹
太神香臺灣荷捌所	賣藥類似品（移入）	古市要計
香川縣物產貿易協會臺灣出張所	賣藥類似品（移入）	北坂竹一
	賣藥類似品（移入）	前之園佳雄
長岡商店臺北出張所	賣藥類似品（移入）	湯川捨松○
株式會社桑田商店	賣藥類似品（移入、店賣）	桑田剛助
臺灣藥業商事合資會社	賣藥類似品（移入、店賣）	東谷光亮○
丸住商行	賣藥類似品（移入、店賣）	逢坂住次郎
阿久澤商行	賣藥類似品（移入、店賣）	阿久澤一太
黑河商店	賣藥類似品（移入、店賣）	黑河新吉
福本作次商店	賣藥類似品（移入、店賣）	福本作次
市川良一商店	賣藥類似品（移入、店賣）	市川龍一

木原商店	賣藥類似品（移入、店賣）	木原鐵二
紀南商行	賣藥類似品（移入、店賣）	尾崎芳楠
池澤商店	賣藥類似品（移入、店賣）	池澤次郎
紀の國屋商店	賣藥類似品（移入、店賣、行商）	植本正一郎
執印商行化學研究所	賣藥類似品（製造）	執印雄次
中村化學工業所	賣藥類似品（製造）	中村龍次郎
齋藤商店	賣藥類似品（製造）	齋藤戒三
大正化學工業所	賣藥類似品（製造）	瀧口謙一
柳フアーマシー	藥局 賣藥及賣藥類似品（製造、移入、店賣）	柳榮太郎◎
三尾藥局	藥局 賣藥及賣藥類似品（製造、移入、店賣）	三尾亮介○
高砂藥局	藥局、賣藥（製造、移入、店賣） 賣藥及賣藥類似品（店賣）	成田清晉◎
井上藥局	藥局、賣藥（製造、移入、店賣）及賣藥類 似品（製造、店賣）	長谷田久吉
廣生堂藥鋪	藥局、賣藥（輸入、移入、店賣） 賣藥及賣藥類似品（移入、店賣）	吉越隆一◎
京町藥局	藥局、賣藥及賣藥類似品（店賣）	筒井臺輔○
カミヤ藥局	藥局、賣藥及賣藥類似品（店賣）	神谷二郎◎
大治堂	藥局、賣藥及賣藥類似品（店賣）	野添清一
東京堂藥局	藥局、賣藥及賣藥類似品（店賣、製造）	矢野靜雄◎
臺北藥局	藥局、賣藥及賣藥類似品（移入、店賣）	淺川純一
ヒラノ藥局	藥局、賣藥及賣藥類似品（移入、店賣）	平野文男◎
コトブキ藥局	藥局、賣藥及賣藥類似品（製造、店賣）	多賀萬壽
大丸藥局	藥局、藥種商 賣藥及賣藥類似品（製造、店賣）	熊野すか○
中央藥局	藥局、藥種商 賣藥及賣藥類似品（製造、移入、店賣）	前川寬○
株式會社資生堂藥鋪	藥局、藥種商、製藥者 賣藥及賣藥類似品（製造、移入、店賣）	中田堅◎
南門藥鋪	藥局、藥種商、製藥者、賣藥及賣藥類似品 （製造、移入、店賣）	福田馬吉
信生堂藥房	藥局、藥種商、賣藥（製造、移入、店賣） 賣藥類似品（移入、店賣）	森田藤吉◎

榮町藥局	藥局、藥種商、賣藥及賣藥類似品（店賣）	中村信夫◎
ミクニ寫真材料店	藥種	德原幸兵衛
財團法人臺北仁濟團	藥種商	高岡義雄○
龜井代理店東都書籍株式會社臺北支店	藥種商	持田辰郎
臺洋商會	藥種商	松野孝○
天賞堂	藥種商 賣藥及賣藥類似品（製造、移入、店賣）	高井四郎◎
株式會社西尾商會	藥種商	西尾靜夫
フタバ寫真機部	藥種商	東城美三
バイエル藥品合名會社臺灣出張所	藥種商	坂本永平
株式會社武田長兵衛臺北出張所	藥種商	豬口邦彥◎
杉原產業株式會社	藥種商	井出松太郎
王子製藥株式會社臺北出張所	藥種商	西山五一◎
二宮寫真機店	藥種商	二宮良
合資會社淺沼商會臺北出張所	藥種商	池田等
鶴盛堂	藥種商 賣藥及賣藥類似品（製造、移入、店賣）	近藤梁
和光堂藥房	藥種商 賣藥及賣藥類似品（製造、移入、店賣）	杉浦礦次◎
三豐堂藥鋪	藥種商 賣藥及賣藥類似品（製造、移入、店賣）	耍千枝太郎◎
	藥種商 賣藥及賣藥類似品（製造、移入、店賣）	耍勝馬
實壽堂	藥種商 賣藥（製造、移入、店賣、行商）及賣藥類似品（行商、店賣）	池田光藏
松見商行	藥種商	松見義郎
	藥種商	堀內良作
	藥種商	奧村文之衛
英進堂	藥種商 賣藥（店賣、製造）及賣藥類似品（店賣）	緒方英一

濱崎敬孝商店	藥種商	濱崎敬孝
諸富商店	藥種商	諸富益三
	藥種商	宮尾登
臺北種苗園	藥種商	齋藤雅一
山田商店臺北出張所	藥種商、製藥者	毛利茂一○
星製藥株式會社臺北出張所	藥種商、製藥者 賣藥及賣藥類似品（移入、店賣）	星一○
金剛商會	藥種商、製藥者、賣藥（製造）	則竹滿一
彌久榮商會	藥種商、製藥者、賣藥類似品（製造）	大野鈴守◎
小林商店	藥種商、賣藥（店賣）及賣藥類似品（製造、移入、店賣）	小林榮次
大日本製藥株式會社臺灣出張所	藥種商、賣藥（移入）	杉田万吉◎
	藥種商、賣藥（移入）及賣藥類似品（製造、店賣）	紫垣清肆
新陽製藥所	藥種商、賣藥（製造、店賣）	前之園倖初
合資會社水野商事	藥種商、賣藥（製造、移入、店賣）	澤野富水夫
愛信堂藥房	藥種商、賣藥（製造、移入、店賣）及賣藥類似品（移入、店賣）	八木馬治郎
津村藥店	藥種商、賣藥及賣藥類似品（店賣）	津村虎次郎
別府商店	藥種商、賣藥及賣藥類似品（店賣）	別府亮太◎
船越商店	藥種商、賣藥及賣藥類似品（店賣）	船越清太郎
	藥種商、賣藥及賣藥類似品（店賣）	濱田榮雄
家蓄院	藥種商、賣藥及賣藥類似品（店賣）	渡邊平作
昭和藥鋪	藥種商、賣藥及賣藥類似品（店賣）	齋藤德雄
今田商店	藥種商、賣藥及賣藥類似品（店賣）	今田ハル◎
水上商店	藥種商、賣藥及賣藥類似品（店賣）	水上簇二
三共株式會社臺灣出張所	藥種商、賣藥及賣藥類似品（移入、店賣）	池村茂郎◎
長谷川長衛商店	藥種商、賣藥及賣藥類似品（移入、店賣）	長谷川長衛○
合資會社永井裕商會	藥種商、賣藥及賣藥類似品（移入、店賣）	永井德照◎
三生堂	藥種商、賣藥及賣藥類似品（移入、店賣）	岩田鼎○
下野聖豐堂	藥種商、賣藥及賣藥類似品（移入、店賣）	下野トシ
山陽堂藥鋪	藥種商、賣藥及賣藥類似品（移入、店賣）	木村米太郎◎

三生洋行	藥種商、賣藥及賣藥類似品（移入、店賣）	山戶元之助
明治堂藥鋪	藥種商、賣藥及賣藥類似品（移入、店賣）	高尾臣男◎
いろは堂	藥種商、賣藥及賣藥類似品（移入、店賣）	三川賢藏
常英堂	藥種商、賣藥及賣藥類似品（移入、店賣）	久光安次郎
長生堂	藥種商、賣藥及賣藥類似品（製造、店賣）	黑崎正太郎
博信堂	藥種商、賣藥及賣藥類似品（製造、店賣）	村主基一
青木藥房	藥種商、賣藥及賣藥類似品（製造、店賣）	青木倉吉
公隆洋行	藥種商、賣藥類似品（店賣）	小園江隆哉
三井物產會社臺北支店	藥種商、賣藥類似品（店賣）	雜貨掛○
東光株式會社	藥種商、賣藥類似品（移入、製造）	八十川清◎
鹽野義商店	藥劑師	栗田力◎
ラヂウム製藥株式會社臺灣駐住所	藥劑師	吉岡晃○
天星商店	製藥者、賣藥（製造）	陳桃琴
	賣藥（行商）	林金貴
開南藥房	賣藥（行商）	詹開碧
	賣藥（行商）	胡初勝
	賣藥（行商）	潘建雀
	賣藥（行商）	張福全
	賣藥（行商）	林炳輝
	賣藥（行商）	李傳執
	賣藥（行商）	李根欉
	賣藥（行商）	黃秋金
	賣藥（行商）	楊春木
	賣藥（行商）	劉菊
	賣藥（行商）	李金由
	賣藥（行商）	邵恩澤
	賣藥（行商）	許石來
	賣藥（行商）	張火柳
	賣藥（行商）	杜蕃薯
	賣藥（行商）	李來發
	賣藥（行商）	蔡良生
	賣藥（行商）	陳其順

茂利商店	賣藥（店賣）	黃茂利
合義成	賣藥（店賣）	洪詩漁
福星堂	賣藥（店賣）	徐惠疇
王再生藥房	賣藥（店賣）	王臺懋
	賣藥（店賣）	陳秋金
丸美商會	賣藥（店賣）	吳陳路得
濟生堂	賣藥（店賣）	李鑄金
同安祥藥房	賣藥（店賣）	周致品
大友藥房	賣藥（店賣、行商）及賣藥類似品（店賣）	陳茂標
錦成藥房	賣藥（店賣、行商）及賣藥類似品（店賣）	黃文傑
三和商事社	賣藥（店賣、行商）及賣藥類似品（店賣）	張木匠
瑞惠商事株式會社	賣藥（移入）	高清賢
根田商會	賣藥（移入）	宋木興
養安堂	賣藥（移入、行商）	余金水
	賣藥（移入、行商）	鄭國清
國際保健研究所	賣藥（移入、店賣）	羅中
日星堂藥房	賣藥（移入、店賣）及賣藥類似品（店賣）	簡石旺
松南藥房	賣藥（移入、店賣）及賣藥類似品（店賣）	許糊
張金水參莊	賣藥（移入、店賣）及賣藥類似品（店賣）	張劉阿錦
黃維馨	賣藥（製造）	陳協興
勸奉堂	賣藥（製造）	黃石頭
義濟堂	賣藥（製造）	顏義昌
保星堂	賣藥（製造）	呂振德
濟生堂藥房	賣藥（製造）	莊劉梅路
添保堂	賣藥（製造）	王添發
四方堂	賣藥（製造）	陳慶雲
三元藥房	賣藥（製造）	周團煉
	賣藥（製造）	蔡萬成
三和堂	賣藥（製造）	周海樹
山東百草堂藥房	賣藥（製造）	游好
王源遠商行	賣藥（製造）	王華祺、王國棟
	賣藥（製造）	林阿城
好生堂藥房	賣藥（製造）	吳鴻源

樂生堂藥房	賣藥（製造）	黃龜
國賢堂	賣藥（製造、行商）	歐塗牛
寶壽堂	賣藥（製造、行商）	周赤牛
全茂堂	賣藥（製造、行商）	江裕
	賣藥（製造、行商）	林泰昆
賜德堂	賣藥（製造、行商）	陳天賜
	賣藥（製造、行商）	陳禮圖
忠義堂	賣藥（製造、行商）	吳大朝
少林寺	賣藥（製造、行商）	王圳
	賣藥（製造、行商）	吳炎成
源生堂	賣藥（製造、行商）	白水柳
	賣藥（製造、行商）	方景福
靈寶堂	賣藥（製造、行商）	簡金生
	賣藥（製造、行商）	王森
道德堂	賣藥（製造、店賣）	林諸禮
五星堂藥房	賣藥（製造、店賣）	張金水
長生堂藥房	賣藥（製造、店賣）及賣藥類似品（店賣）	陳振芳
	賣藥（製造、店賣）及賣藥類似品（店賣）	朱昆波
連錦泰行	賣藥（製造、店賣）及賣藥類似品（店賣）	連細昂
日光堂	賣藥（製造、店賣）及賣藥類似品（店賣）	陳鐵土
博濟藥房	賣藥（製造、店賣）及賣藥類似品（店賣）	莊呈耀
阿來司藥房	賣藥（製造、店賣、行商）	陳金龍
榮仁堂	賣藥（製造、店賣、行商）	楊和成
蘇金塗藥房	賣藥（製造、店賣、行商）及賣藥類似品（店賣）	蘇金塗
	賣藥及賣藥類似品（行商）	邱先政
	賣藥及賣藥類似品（行商）	陳犇
	賣藥及賣藥類似品（行商）	陳大鵬
	賣藥及賣藥類似品（行商）	高乞食
明星堂藥鋪	賣藥及賣藥類似品（店賣）	周釜汪
若林商店	賣藥及賣藥類似品（店賣）	林敬墻
	賣藥及賣藥類似品（店賣）	蔡謝土
盛德商店	賣藥及賣藥類似品（店賣）	張兆安

博愛堂	賣藥及賣藥類似品（店賣）	徐鼎元
日生堂	賣藥及賣藥類似品（店賣）	郭忠烈
周泉興商店	賣藥及賣藥類似品（店賣）	周王富涼
榮發商店	賣藥及賣藥類似品（店賣）	陳福仁
	賣藥及賣藥類似品（店賣）	李水波
吳成記商店	賣藥及賣藥類似品（店賣）	吳火
周永茂商店	賣藥及賣藥類似品（店賣）	周李氏般
劉再興商店	賣藥及賣藥類似品（店賣）	卓氏矮
宏生藥房	賣藥及賣藥類似品（店賣）	蔡埄江
新協記	賣藥及賣藥類似品（店賣）	李氏滿
恒記商店	賣藥及賣藥類似品（店賣）	余王阿綢
張興記	賣藥及賣藥類似品（店賣）	張家明
成泰商店	賣藥及賣藥類似品（店賣）	林阿劉
金振興商店	賣藥及賣藥類似品（店賣）	周振生
緊好藥房	賣藥及賣藥類似品（店賣）	羅阿英
	賣藥及賣藥類似品（店賣）	周萬生
順昌商店	賣藥及賣藥類似品（店賣）	莊洪旺來
	賣藥及賣藥類似品（店賣）	江榮福
東洲藥房	賣藥及賣藥類似品（店賣）	連玉英
東生堂	賣藥及賣藥類似品（店賣）	曹萬
臺新堂	賣藥及賣藥類似品（店賣）	徐雲回
快安藥店	賣藥及賣藥類似品（店賣）	陳徐氏貴卿
長生藥舖	賣藥及賣藥類似品（店賣）	林炳峰
竹根商會	賣藥及賣藥類似品（店賣）	周蹺
	賣藥及賣藥類似品（店賣）	洪周鄭
益壽堂大藥房	賣藥及賣藥類似品（店賣）	謝阿才
益壽堂大藥房	賣藥及賣藥類似品（店賣）	洪青松
榮昌商行	賣藥及賣藥類似品（店賣）	莊牽治
共成商店	賣藥及賣藥類似品（店賣）	葉池
	賣藥及賣藥類似品（店賣）	江氏貞
	賣藥及賣藥類似品（店賣）	劉周士
復元藥房	賣藥及賣藥類似品（店賣）	周棍
順成商店	賣藥及賣藥類似品（店賣）	邱玉順

協源商店	賣藥及賣藥類似品（店賣）	連來居
協發商店	賣藥及賣藥類似品（店賣）	廖水星
錦屋	賣藥及賣藥類似品（店賣）	鍾肇達
福利商店	賣藥及賣藥類似品（店賣）	高有福
高商店	賣藥及賣藥類似品（店賣）	高阿書
	賣藥及賣藥類似品（店賣）	陳金財
鄭和發商店	賣藥及賣藥類似品（店賣）	鄭江漢
如益	賣藥及賣藥類似品（店賣）	楊烏城
振昌商店	賣藥及賣藥類似品（店賣）	楊振昌
如蘭商店	賣藥及賣藥類似品（店賣）	陳棋楠
復勝商店	賣藥及賣藥類似品（店賣）	楊萬益
協成商店	賣藥及賣藥類似品（店賣）	林銅爐
	賣藥及賣藥類似品（店賣）	李仁貴
鮮興社泰記	賣藥及賣藥類似品（店賣）	韓材龍
新京堂藥鋪	賣藥及賣藥類似品（店賣）	王德順
泉和堂	賣藥及賣藥類似品（店賣）	劉換
勝春堂	賣藥及賣藥類似品（店賣）	何友梅
福生堂藥房	賣藥及賣藥類似品（店賣）	孫賓
大成堂藥鋪	賣藥及賣藥類似品（店賣）	楊海秋
宏仁藥房	賣藥及賣藥類似品（店賣）	湯九火
	賣藥及賣藥類似品（店賣）	吳天貴
延年堂	賣藥及賣藥類似品（店賣）	龔來富
養元藥房	賣藥及賣藥類似品（店賣）	張文顯
錦津屋	賣藥及賣藥類似品（店賣）	柯錦津
建成堂	賣藥及賣藥類似品（店賣）	簡欽圳
金生堂藥房	賣藥及賣藥類似品（店賣）	程金生
	賣藥及賣藥類似品（店賣）	李金木
振成興產株式會社	賣藥及賣藥類似品（店賣）	黃在榮
東洋藥鋪	賣藥及賣藥類似品（店賣）	劉土
株式會社廣福公司	賣藥及賣藥類似品（店賣）	羅慶增
周元成藥行	賣藥及賣藥類似品（店賣）	周守耀
治安堂藥房	賣藥及賣藥類似品（店賣）	陳水木
高義發	賣藥及賣藥類似品（店賣）	高邦基

第一商店	賣藥及賣藥類似品（店賣）	劉世興
萬傳藥房	賣藥及賣藥類似品（店賣）	許萬傳
大橋藥房	賣藥及賣藥類似品（店賣）	李樹木
富士屋	賣藥及賣藥類似品（店賣）	林永樹
	賣藥及賣藥類似品（店賣）	林參
柯誠發商店	賣藥及賣藥類似品（店賣）	柯誠實
吉元藥行	賣藥及賣藥類似品（店賣）	陳有信
民生堂藥房	賣藥及賣藥類似品（店賣）	林舜宜
三和商店	賣藥及賣藥類似品（店賣）	白錫輝
日進堂藥房	賣藥及賣藥類似品（店賣）	林西碧
榮興商行	賣藥及賣藥類似品（店賣）	林陳禮
葉年發	賣藥及賣藥類似品（店賣）	葉屏翰
日活藥房	賣藥及賣藥類似品（店賣）	鄭土
黃林源商店	賣藥及賣藥類似品（店賣）	黃爐
聯勝號	賣藥及賣藥類似品（店賣）	連牛
葉德商店	賣藥及賣藥類似品（店賣）	葉朝明
陳協和	賣藥及賣藥類似品（店賣）	陳錦泉
捷發商會	賣藥及賣藥類似品（店賣）	陳枝和
仁記商店	賣藥及賣藥類似品（店賣）	劉呈輝
朝日商店	賣藥及賣藥類似品（店賣）	林獻琛
七星商店	賣藥及賣藥類似品（店賣）	陳林偏
得安堂	賣藥及賣藥類似品（店賣）	劉池城
日昌商店	賣藥及賣藥類似品（店賣）	吳龜里
	賣藥及賣藥類似品（店賣）	林阿東
	賣藥及賣藥類似品（店賣）	李五子
	賣藥及賣藥類似品（店賣）	甘林榮
合名會社德昌商行	賣藥及賣藥類似品（移入、店賣）	張景明
恒記	賣藥及賣藥類似品（移入、店賣）	余仁塗
南華藥行	賣藥及賣藥類似品（移入、店賣）	陳錦竹
天德堂藥房	賣藥及賣藥類似品（製造、店賣）	江子燦
明生堂	賣藥及賣藥類似品（製造、店賣）	林拔翠
保安藥房	賣藥及賣藥類似品（製造、店賣）	簡鴻輝
松英堂藥鋪	賣藥及賣藥類似品（製造、移入、行商）	黃阿松
	賣藥類似品（行商）	陳進安

興發商店	賣藥類似品（店賣）	陳拋
德松商店	賣藥類似品（店賣）	李德守
	賣藥類似品（店賣）	陳詩同
文化村商會	賣藥類似品（店賣）	陳金土
朝日商店	賣藥類似品（店賣）	王祖屋
協和商店	賣藥類似品（店賣）	洪文超
金順發支店	賣藥類似品（店賣）	洪添生
泉興商店	賣藥類似品（店賣）	黃金旺
吉松商店	賣藥類似品（店賣）	李江杞
協進商店	賣藥類似品（店賣）	陳石吉
福山商店	賣藥類似品（店賣）	吳坤福
三協軒商店	賣藥類似品（店賣）	吳溪
葉山商店	賣藥類似品（店賣）	葉標春
葉捲屋商店	賣藥類似品（店賣）	葉楊樹
松茂食料品部	賣藥類似品（店賣）	蔡勇
聚發商店	賣藥類似品（店賣）	謝和尚
錦源商店	賣藥類似品（店賣）	黃昆
玉泉	賣藥類似品（店賣）	陳可欽
春記商店	賣藥類似品（店賣）	黃春生
龍興	賣藥類似品（店賣）	黃品
	賣藥類似品（店賣）	王闕璠
順和商店	賣藥類似品（店賣）	林金表
玉記商店	賣藥類似品（店賣）	洪學塏
海清商店	賣藥類似品（店賣）	楊海嵩
林	賣藥類似品（店賣）	林豆菜
櫻屋商店	賣藥類似品（店賣）	陳寶清
食料雜貨和美商店	賣藥類似品（店賣）	黃和棟
	賣藥類似品（店賣）	林周招治
協成商店	賣藥類似品（店賣）	李祈定
東益商店	賣藥類似品（店賣）	林本色
金順發商店	賣藥類似品（店賣）	洪頭北〇
協益商店	賣藥類似品（店賣）	呂芳慶
聚發商店	賣藥類似品（店賣）	林楊老汝

吳聯興雜貨店	賣藥類似品（店賣）	吳魁
日和商店	賣藥類似品（店賣）	沈清厚
朝日屋商店	賣藥類似品（店賣）	周斯可
穎川商店	賣藥類似品（店賣）	陳江
吉永商店	賣藥類似品（店賣）	林慶爐
林錦發商店	賣藥類似品（店賣）	林傳章
	賣藥類似品（店賣）	楊洪伴
翁順發	賣藥類似品（店賣）	翁金城
盧玉興	賣藥類似品（店賣）	盧有田
	賣藥類似品（店賣）	許柳
合成發商店	賣藥類似品（店賣）	林火塗
	賣藥類似品（店賣）	邱換機
瀧西商店	賣藥類似品（店賣）	彭開源
林振榮商店	賣藥類似品（店賣）	林金圭
	賣藥類似品（店賣）	呂張于
林乞商店	賣藥類似品（店賣）	林乞
聯發商店	賣藥類似品（店賣）	江黃茶
林吉記	賣藥類似品（店賣）	林阿吉
徐成興	賣藥類似品（店賣）	徐李教
第一藥房	賣藥類似品（店賣）	王樹福
林振興	賣藥類似品（店賣）	林金聲
開源商店	賣藥類似品（店賣）	李開忠
林源和商店	賣藥類似品（店賣）	林添漢
周東茂藥店	賣藥類似品（店賣）	周國
隆盛商店	賣藥類似品（店賣）	簡順泉
金興發	賣藥類似品（店賣）	黃秀英
	賣藥類似品（店賣）	吳江圳
梁順發	賣藥類似品（店賣）	梁阿木
福麟	賣藥類似品（店賣）	汪乞食
新怡發	賣藥類似品（店賣）	黃鄙
陳順興	賣藥類似品（店賣）	陳錦意
	賣藥類似品（店賣）	黃曾罔市
	賣藥類似品（店賣）	黃盛德
	賣藥類似品（店賣）	張茯苓

林益發商店	賣藥類似品（店賣）	林高生
五星商會	賣藥類似品（店賣）	陳水田
柯源記	賣藥類似品（店賣）	柯水源
老捷春商行	賣藥類似品（店賣）	江九淑
	賣藥類似品（店賣）	邵鄭后治
陳聯成商店	賣藥類似品（店賣）	陳樣
楊再發商店	賣藥類似品（店賣）	楊潤銓
張德成香舖	賣藥類似品（店賣）	張家鑑
福興商店	賣藥類似品（店賣）	周壬癸
慶豐商會	賣藥類似品（店賣、移入）	潘澄基
信成商行	賣藥類似品（移入、店賣）	黃潭
陳奇馨香店	賣藥類似品（製造）	陳紅狗
	賣藥類似品（製造）	吳榮枝
	賣藥類似品（製造）	高塀鍊
周瑞珍	賣藥類似品（製造）	周添益
	賣藥類似品（製造、店賣）	高懋發
	賣藥類似品（製造、店賣）	吳添福
慶春堂	賣藥類似品（製造、店賣）	吳鍊
	賣藥類似品（製造、店賣）	邱小食
鄭怡成	賣藥類似品（製造、店賣）	鄭雙寬
林怡成商行	賣藥類似品（製造、店賣）	林成家
	賣藥類似品（製造、店賣）	李根樹
德成商行	賣藥類似品（製造、店賣、行商）	林宜洋
榮興商店	賣藥類似品（賣藥）	朱燦輝
ヒノデ藥局	藥局、賣藥（製造、移入）	林太郎
太平藥局	藥局、賣藥及賣藥類似品（店賣）	李□謙◎
十字堂藥局	藥局、賣藥及賣藥類似品（製造、店賣）	林紀煌○
葆生藥局	藥局、藥種商、賣藥及賣藥類似品（店賣）	曾紅英
南光寫真機店	藥種商	鄧騰輝
新協記	藥種商	陳文星
協記藥行	藥種商	陳壽健
老益昌藥房	藥種商	紀俊修
長生藥舖	藥種商	林心匏

濟安堂藥房	藥種商	許其下
周元成藥行	藥種商	周錡
福隆興記藥行	藥種商	劉福隆
林協興智記	藥種商	林萬乞○
合資會社連瑞記行	藥種商	連永茂
李保生藥房	藥種商	李炳福
集元公司	藥種商	李傳盛○
吉興	藥種商、賣藥（店賣）	潘光恩
順仁藥房	藥種商、賣藥（店賣）	陳財全
吉元藥行藥材部	藥種商、賣藥（製造、店賣）	陳有福◎
治生堂藥房	藥種商、賣藥（製造、店賣）及賣藥類似品（店賣）	陳龍泉
慶安藥房	藥種商、賣藥（製造、店賣）及賣藥類似品（店賣）	周清鉛
滋生堂	藥種商、賣藥（製造、店賣）及賣藥類似品（店賣）	洪團飛○
株式會社乾元藥行	藥種商、賣藥（製造、店賣）及賣藥類似品（店賣）	朱樹勳○
蘇存仁藥房	藥種商、賣藥（製造、店賣）及賣藥類似品（店賣）	蘇國
正元藥材行	藥種商、賣藥（製造、店賣）及賣藥類似品（店賣）	蔡秋塗
良籌藥行	藥種商、賣藥（製造、店賣）及賣藥類似品（店賣）	李金振
玉安堂	藥種商、賣藥（製造、店賣）及賣藥類似品（店賣）	汪塗山
莊仁和	藥種商、賣藥（製造、店賣）及賣藥類似品（店賣）	莊景順
新興製藥株式會社	藥種商、賣藥（製造、店賣）及賣藥類似品（製造、移入、店賣）	陳培雲
臺北藥材公司	藥種商、賣藥（製造、移入）及賣藥類似品（店賣）	莊石南○
神效堂藥房	藥種商、賣藥（製造、移入、店賣）及賣藥類似品（店賣、製造）	杜火龍◎
區臣氏大藥房	藥種商、賣藥（製造、移入、店賣）及賣藥類似品（移入、店賣）	李俊啟◎

神農氏大藥房	藥種商、賣藥（製造、移入、店賣）及賣藥類似品（移入、店賣）	巫世傳◎
東西藥房	藥種商、賣藥（製造、移入、店賣）及賣藥類似品（移入、店賣）	陳作霖◎
益壽堂藥房	藥種商、賣藥（製造、移入、店賣、行商）及賣藥類似品（店賣、行商）	劉炳煌
誠心堂藥鋪	藥種商、賣藥及賣藥類似品（店賣）	林萬福
豐生堂藥房	藥種商、賣藥及賣藥類似品（店賣）	謝阿豐
回安藥房	藥種商、賣藥及賣藥類似品（店賣）	王金枝
協和藥房	藥種商、賣藥及賣藥類似品（店賣）	張乞食
合資會社協豐藥行	藥種商、賣藥及賣藥類似品（店賣）	張孫名◎
宏生藥房	藥種商、賣藥及賣藥類似品（店賣）	林樑材
老慶茂	藥種商、賣藥及賣藥類似品（店賣）	周清標
林回春	藥種商、賣藥及賣藥類似品（店賣）	林迪連
福興商會	藥種商、賣藥及賣藥類似品（店賣）	吳砵
茂昌藥房	藥種商、賣藥及賣藥類似品（店賣）	傅朝桂◎
老宏生藥鋪	藥種商、賣藥及賣藥類似品（店賣）	丁一◎
周鴻昌藥房	藥種商、賣藥及賣藥類似品（店賣）	周啟昌
新成昌藥房	藥種商、賣藥及賣藥類似品（店賣）	張金石
大和堂	藥種商、賣藥及賣藥類似品（店賣）	楊名金
金星堂藥鋪	藥種商、賣藥及賣藥類似品（店賣）	傅金泉
聯成藥房	藥種商、賣藥及賣藥類似品（店賣）	周宜雲
ハヤシ藥鋪	藥種商、賣藥及賣藥類似品（店賣）	林傳生
養壽	藥種商、賣藥及賣藥類似品（店賣）	陳慶
源春堂	藥種商、賣藥及賣藥類似品（店賣）	王火木
吉成藥房	藥種商、賣藥及賣藥類似品（店賣）	楊阿沛
廖茂笑記	藥種商、賣藥及賣藥類似品（店賣）	周清談
安生堂藥鋪	藥種商、賣藥及賣藥類似品（店賣）	賴青龍◎
逢生堂	藥種商、賣藥及賣藥類似品（店賣）	張嘉祥
心道藥房	藥種商、賣藥及賣藥類似品（店賣）	陳禎觀
心道藥房	藥種商、賣藥及賣藥類似品（店賣）	林炯
濟安堂藥房	藥種商、賣藥及賣藥類似品（店賣）	李禮求
奇效堂	藥種商、賣藥及賣藥類似品（店賣）	蔡建興
萬寶堂藥房	藥種商、賣藥及賣藥類似品（店賣）	廖樹◎

聚盛藥房	藥種商、賣藥及賣藥類似品（店賣）	許登埔
和元藥房	藥種商、賣藥及賣藥類似品（店賣）	杜洪番
恒仁藥房	藥種商、賣藥及賣藥類似品（店賣）	鄭騰輝
萬家春	藥種商、賣藥及賣藥類似品（店賣）	張金土
新和成藥鋪	藥種商、賣藥及賣藥類似品（店賣）	江份◎
金勝堂藥房	藥種商、賣藥及賣藥類似品（店賣）	林九賽
江聯發參藥行	藥種商、賣藥及賣藥類似品（店賣）	江鳥
合資會社良玉藥行	藥種商、賣藥及賣藥類似品（店賣）	張孫猷◎
合資會社西瀛公司	藥種商、賣藥及賣藥類似品（店賣）	盧訂
黃壽全	藥種商、賣藥及賣藥類似品（店賣）	黃耀崑
生記藥行	藥種商、賣藥及賣藥類似品（店賣）	葉鍊金◎
協吉成	藥種商、賣藥及賣藥類似品（店賣）	吳家走◎
讚元藥行	藥種商、賣藥及賣藥類似品（店賣）	葉榮十
天一堂	藥種商、賣藥及賣藥類似品（店賣）	王成渠
合資會社捷茂行	藥種商、賣藥及賣藥類似品（店賣）	楊接枝◎
益裕藥行	藥種商、賣藥及賣藥類似品（店賣）	陳阿送
添籌藥行	藥種商、賣藥及賣藥類似品（店賣）	李良榮◎
廣和堂藥房	藥種商、賣藥及賣藥類似品（店賣）	莊阿炎
天保堂藥房	藥種商、賣藥及賣藥類似品（店賣）	楊蓮
盈元藥房	藥種商、賣藥及賣藥類似品（店賣）	陳碧蓮
岐元藥房	藥種商、賣藥及賣藥類似品（店賣）	沈阿昌
源井大藥房	藥種商、賣藥及賣藥類似品（店賣）	徐得鄉
協記藥鋪	藥種商、賣藥及賣藥類似品（店賣）	吳劉乞
手平堂	藥種商、賣藥及賣藥類似品（店賣）	謝炳東
源茂	藥種商、賣藥及賣藥類似品（店賣）	張通
調元藥房	藥種商、賣藥及賣藥類似品（店賣）	周植濤
貞元藥行	藥種商、賣藥及賣藥類似品（店賣）	陳培挺
晉生堂藥房	藥種商、賣藥及賣藥類似品（店賣）	楊水木
慶生藥房	藥種商、賣藥及賣藥類似品（店賣）	鄒墻
發記藥房	藥種商、賣藥及賣藥類似品（店賣）	游廖振發
集生堂	藥種商、賣藥及賣藥類似品（店賣）	陳火山
妙安堂	藥種商、賣藥及賣藥類似品（店賣）	羅清火
益利藥房	藥種商、賣藥及賣藥類似品（店賣）	林三財

謙和藥房	藥種商、賣藥及賣藥類似品（店賣）	張玉樹
林義合藥房	藥種商、賣藥及賣藥類似品（店賣）	林葉
源和藥房	藥種商、賣藥及賣藥類似品（店賣）	林墻
義安堂藥房	藥種商、賣藥及賣藥類似品（店賣）	陳石
進元藥行	藥種商、賣藥及賣藥類似品（店賣、移入）	陳福
榮康藥鋪	藥種商、賣藥及賣藥類似品（移入）	李茶康◎
太和堂藥房	藥種商、賣藥及賣藥類似品（移入、店賣）	李英
東門藥鋪	藥種商、賣藥及賣藥類似品（製造、店賣）	鄭郭嬰
城東藥鋪	藥種商、賣藥及賣藥類似品（製造、店賣）	林殿坤
コダマ藥鋪	藥種商、賣藥及賣藥類似品（製造、店賣）	呂曾生
濟生堂藥房	藥種商、賣藥及賣藥類似品（製造、店賣）	莊炳文
回生堂藥房	藥種商、賣藥及賣藥類似品（製造、店賣）	呂東年
中山藥房	藥種商、賣藥及賣藥類似品（製造、店賣）	黃麗生◎

表格說明：姓名之後有加註◎記號者為幹部、○為代議員。

資料來源：臺北市藥業組合編，《臺北市藥業組合概況》，臺北：編者，1939 年，
　　　　　組合員名簿類。

附錄三　物品販賣業藥品類人名鑑清單

編號	營業種目	區別	營業所	所屬商號	營業主	創業年
1.	賣藥（雜貨）	小	基隆市	（稅額 2,160 円）	三浦トミ	
2.	雜貨、賣藥	小	基隆市	（稅額 3,200 円，電話 860）	大西一太郎	
3.	和洋雜貨、賣藥	卸、小	基隆市	大倉商行（稅額 21,920 円，電話 607）	大倉一郎	
4.	化妝品、雜貨、賣藥	卸、小	基隆市	小島屋（稅額 12,180 円，電話 845）	小島幸吉	
5.	賣藥、藥種、莨	小	基隆市	波遠堂（稅額 2,320 円）	中島克己	
6.	雜貨、藥種、賣藥	小	基隆市	（稅額 2,480 円）	刈谷達二	
7.	賣藥、藥種	卸、小	基隆市	星光堂（稅額 6,100 円，電話 816）	加藤利三郎	
8.	賣藥、藥種	卸、小	基隆市	（稅額 3,720 円，電話 307）	田宮喜造	
9.	賣藥、藥種（雜貨）	小	基隆市	（稅額 2,880 円）	石朝元	
10.	藥種、賣藥、硝石	卸、小	基隆市	基隆藥局支店（稅額 2,260 円，電話 197）	吉原多三郎	
11.	藥種		基隆市	源順	江信圳	
12.	藥種		基隆市	源和堂	江美換	
13.	藥種、賣藥	卸、小	基隆市	源茂（稅額 9,420 円）	江瑞英	
14.	藥種	卸、小	基隆市	快生堂（稅額 10,100 円）	吳鼎南	

15.	賣藥（雜貨）	小	基隆市	德源（稅額 8,000 円）	李金來	
16.	賣藥（獸肉）	小	基隆市	（稅額 5,200 円）	李新春	
17.	藥種		基隆市		林寅	
18.	藥種		基隆市		林清杞	
19.	賣藥（雜貨）	小	基隆市	（稅額 2,800 円）	林戀	
20.	藥種、賣藥		基隆市		板野保次郎	
21.	藥種、賣藥		基隆市	榮屋（電話 14）	松本周祐	
22.	藥種、賣藥		基隆市	ミドリ藥局	河合音治	
23.	藥種、賣藥、醫療機器	卸、小	基隆市	回生堂（稅額 15,164 円，電話 351）	風早正	
24.	賣藥	小	基隆市	（稅額 2,800 円）	島房雄	
25.	雜貨（賣藥）	小	基隆市	（稅額 4,400 円）	桑木源三郎	
26.	小間物、化妝品（賣藥）	小	基隆市	（稅額 2,400 円）	高木豐次郎	
27.	藥種		基隆市	老和順	張赤牛	
28.	和洋雜貨、賣藥	小	基隆市	（稅額 7,200 円）	許丁王	
29.	藥種		基隆市		許其下	
30.	藥種		基隆市	有濟堂	連新永	
31.	藥種、賣藥	小	基隆市	仁春壽（稅額 2,800 円）	郭棕	
32.	雜貨（賣藥）	小	基隆市	（稅額 3,520 円）	陳氏雙	
33.	藥種		基隆市	致中和	陳根枝	
34.	藥種	卸、小	基隆市	東元行（稅額 3,840 円）	陳梅圃	
35.	藥種		基隆市		陳龍	
36.	賣藥	小	基隆市	（稅額 2,800 円）	陳鵬升	
37.	雜貨（賣藥、酒）	小	基隆市	新順成（稅額 3,600 円）	黃江監	
38.	藥品、賣藥	小	基隆市	長春堂（稅額 2,200 円）	楊安	
39.	賣藥（雜貨）	小	基隆市	（稅額 3,000 円）	楊添丁	
40.	雜貨（賣藥）	卸、小	基隆市	（稅額 3,720 円）	廖瑞福	
41.	藥種、醫療機器（電器機械）	卸、小	基隆市	福德堂（稅額 34,020 円，電話 51）	福田仁三郎	
42.	古物、賣藥		基隆市	德	德丸惣一	
43.	賣藥（雜貨）	卸	基隆市	（稅額 11,460 円）	潘水再	

44.	藥種、雜貨		基隆市	新盛發	蔣中	
45.	賣藥、阿片	小	基隆市	（稅額 20,720 円）	蔡慶雲	
46.	賣藥（雜貨）	小	基隆市	三益（稅額 5,600 円）	鄭庚成	
47.	藥種	卸、小	基隆市	仁生堂	鄭明德	
48.	賣藥（雜貨）	小	基隆市	萬美（稅額 2,400 円）	盧金和	
49.	雜貨（賣藥）	小	基隆市	（稅額 2,600 円）	蕭宗榮	
50.	藥種		基隆市	保壽	顏清山	
51.	雜貨、賣藥、藥種	小	基隆市	（稅額 2,400 円）	藤申	
52.	藥種		基隆市		蘇先致	
53.	和洋雜貨（賣藥、藥種、酒）	卸、小	淡水街	資生堂（稅額 4,180 円，電話 18）	廣瀨彌八	
54.	雜貨（賣藥、藥種）	小	淡水街	駿河屋（稅額 6,800 円，電話 33）	鬼頭龜吉	
55.	賣藥（酒）	小	淡水街	（稅額 5,600 円）	楊洪金水	
56.	賣藥	小	淡水街	萬勝（稅額 10,000 円）	楊萬春	
57.	賣藥	小	淡水街	松山商店（稅額 2,480 円，電話 415）	松山進之助	
58.	賣藥	卸	淡水街	（稅額 20,826 円）	塚本喜三郎	
59.	賣藥	小	淡水街	泉益（稅額 3,200 円）	葉昆弟	
60.	賣藥	卸、小	淡水街	稻草販賣取次所（稅額 3,760 円，電話 66）	林重賢	
61.	小間物、賣藥	小	羅東街	（稅額 4,000 円）	林火盛	
62.	賣藥	小	羅東街	栗林支店（稅額 3,600 円）	思川又作	
63.	賣藥	卸、小	羅東街	新協興（稅額 9,564 円）	吳松茂	
64.	藥	小	羅東街	（稅額 4,640 円）	游阿慶	
65.	雜貨、賣藥	卸、小	宜蘭街	改進堂（稅額 3,780 円，電話 113）	村井達正	
66.	藥種	卸、小	宜蘭街	周德盛（稅額 5,060 円）	周永盛	
67.	藥種	小	宜蘭街	新泰奧（稅額 3,840 円）	歐阿稿	
68.	藥種	卸、小	宜蘭街	回生（稅額 3,816 円）	潘樹	
69.	雜貨（賣藥）	小	宜蘭街	建興（稅額 2,840 円）	張頭	
70.	賣藥	小	宜蘭街	文進堂（稅額 3,440 円，電話 129）	本部傳吉	

71.	賣藥、藥種	卸、小	宜蘭街	廣信堂（稅額 6,920 円，電話 202）	吉岡信亮	
72.	賣藥、藥種	卸、小	宜蘭街	戶田商店（稅額 2,920 円，電話 45）	登田友太郎	
73.	藥種	卸、小	宜蘭街	廣生號（稅額 11,400 円）	林氏妹	
74.	賣藥、藥種	小	宜蘭街	道生堂（稅額 2,480 円）	陳兩儀	
75.	賣藥、藥種	小	宜蘭街	吉昌堂（稅額 2,400 円）	謝阿呆	
76.	藥種	卸、小	宜蘭街	圓福堂（稅額 2,668 円）	李水泉	
77.	藥種	卸、小	宜蘭街	朱榮記（稅額 2,288 円）	朱如客	
78.	藥種	卸	宜蘭街	回春（稅額 4,068 円）	章金地	
79.	藥種	小	宜蘭街	廣濟元（稅額 2,320 円）	陸登科	
80.	雜貨（賣藥）	小	汐止街	成美（稅額 4,800 円）	陳清爽	
81.	賣藥同種	小	汐止街	慶春堂（稅額 2,400 円）	施紅九	
82.	賣藥、藥種	小	汐止街	復源（稅額 3,200 円）	陳承泰	
83.	賣藥	小	汐止街	（稅額 2,800 円）	辻寅二	
84.	賣藥	小	汐止街	（稅額 4,000 円）	何金水	
85.	雜貨（石油、吳服、賣藥）	小	新莊街	祥和（稅額 5,440 円）	陳同仔	
86.	雜貨（賣藥）	小	新莊街	裕發（稅額 3,360 円）	芝金龍	
87.	雜貨（賣藥）	小	新莊街	旭記（稅額 6,200 円）	李添讓	
88.	雜貨（賣藥）	小	新莊街	新合利（稅額 2,400 円）	王根	
89.	小間物（賣藥、布）	卸、小	新莊街	（稅額 3,240 円）	林金英	
90.	賣藥		士林庄	合資會社合順商行（資本金 3,000 円）	陳阿本	1924 年
91.	雜貨（賣藥、金物、機械油、文具）	卸、小	臺北市	合資會社德昌商行（稅額 87,060 円，電話 555 和 1139）		
92.	賣藥、藥種	卸、小	臺北市	合資會社奧春回春堂本店（稅額 25,500 円，電話 327）		
93.	賣藥（煙草）	卸、小	臺北市	株式會社山下商店（稅額 5,360 円，電話 3233）		
94.	藥種、賣藥、賣藥類似品	小	臺北市	宏生藥行	丁一	
95.	石鹼（硝石）、藥種、藥品	製、卸	臺北市	東光株式會社（稅額 2,430 円，電話 453）	八十川清	

96.	藥種	小	臺北市	愛信堂藥房	八木馬治郎	
97.	藥種、賣藥、學用品、莨	小	臺北市	春雨堂藥鋪	三川賢藏	
98.	小間物（果子、賣藥）	小	臺北市	（稅額 11,600 円，電話 985 ）	三木真玉	
99.	賣藥	小	臺北市	三尾藥局	三尾亮介	
100.	賣藥移入		臺北市		三卷政惠	
101.	雜貨（賣藥）	小	臺北市	（稅額 3,360 円）	三浦長六	
102.	賣藥移入		臺北市	合資會社臺灣ナンオ	三浦宰一	
103.	藥種、賣藥、酒、莨	小	臺北市	下野盛豐堂（稅額 7,070 円，電話 509）	下野權太郎	
104.	賣藥	卸、小	臺北市	土尾商店（稅額 17,340 円，電話 930）	土尾竹吉	
105.	雜貨（賣藥）	卸、小	臺北市	大藏商店（稅額 24,815 円，電話 603）	大藏德太郎	
106.	賣藥、藥種	卸、小	臺北市	小山工務所支店三生堂（稅額 9,900 円，電話 986）	小山久太郎	
107.	賣藥、莨	小	臺北市		小川ナツ	
108.	賣藥行商	小	臺北市		小林九八、（代）熊耳彥一	
109.	雜貨（賣藥）	小	臺北市	（稅額 2,000 円）	小島トク	
110.	賣藥、類似品、蚊取線香	小、卸	臺北市		山戶元之助	
111.	雜貨（賣藥、酒、文具）	卸、小	臺北市	（稅額 2,980 円，電話 1663）	川田三郎	
112.	藥種	小	臺北市	アサヒ藥局	中川周次	
113.	賣藥、莨、玩具	小	臺北市		中井ユミ	
114.	賣藥行商	小	臺北市		中田間一郎、（代）永田精一	
115.	藥種、莨	小	臺北市	中村杏春堂（稅額 4,800 円，電話 779）	中村德次郎	
116.	雜貨（賣藥）	小	臺北市	中野商店（稅額 2,880 円，電話 2446）	中野庄平	

117.	莨、文具、賣藥	小	臺北市		井上小ツル	
118.	賣藥、蚊取線香、小間物	小	臺北市	大學堂	井上彥三郎	
119.	賣藥、絲、文具	小	臺北市	保命堂藥鋪	井野邊ハナ	
120.	賣藥、藥種、酒、什貨	小	臺北市	今田商店（稅額 6,000円，電話 1439）	今田涉	
121.	賣藥	小	臺北市	館	內壽知	
122.	藥種、賣藥商	製、卸、小	臺北市	山陽堂藥鋪（稅額 46,300 円，電話 461 和 1301）	木村米太郎	
123.	藥種、賣藥、計量器	卸、小	臺北市	星光堂藥鋪（稅額 8,100円）	木村德三	
124.	藥種、菓子、莨、賣藥類似品	小	臺北市		水上竹	
125.	菓子、莨、賣藥、藥種	小	臺北市		水上籏三	
126.	雜貨、賣藥	小	臺北市	（稅額 9,400 円，電話 1391）	水木竹一	
127.	賣藥	小	臺北市	ますや（稅額 2,400 円）	水野スエ	
128.	化妝品、小間物、紙、菓子、賣藥	小	臺北市	ニコニコ堂	片山サヨ	
129.	藥種	小	臺北市	源春堂	王火木	
130.	藥種	小	臺北市		王金枝	
131.	藥種	卸	臺北市	德元公司	王阿香	
132.	藥材（草根木皮）、清涼飲料水	卸、小	臺北市	吉元藥行	王毓南	
133.	賣藥、賣藥類似品、化妝品	小	臺北市	新京堂藥鋪	王德順	
134.	藥品、藥種商、醫科、理化學工業諸器械	卸、小	臺北市	株式會社資生堂（資本金 250,000 円，拂込金 250,000 円；電話 175 和 372）	代表取締役中田堅	1923 年

135.	賣藥、賣藥類似品	卸、小	臺北市	舛五商店（稅額 24,140 円，電話 397）	加藤清太郎	
136.	藥種（有田ドラツク）	小	臺北市	有田ドラツク	北村惣吉	
137.	賣藥（世帶道具）	卸、小	臺北市	（稅額 6,460 円，電話 1131）	平尾伊三郎	
138.	賣藥、莨、菓子	小	臺北市		平尾武平	
139.	藥種、賣藥	卸、小	臺北市	ヒラノ藥局（稅額 3,120 円，電話 3345）	平野文男、平野房雄	
140.	雜貨（賣藥）	小	臺北市	永田屋（稅額 5,000 円，電話 617）	永井宗吉	
141.	藥種、賣藥、洋酒、莨、化妝品	卸、小	臺北市	合資會社永井裕商會、永照堂藥館（稅額 8,750 円，電話 316）	永井德照	
142.	賣藥、賣藥類似品	小、卸	臺北市		生田目貞子	
143.	賣藥、賣藥類似品	小	臺北市	田中藥局	田中金三	
144.	雜貨（賣藥）	卸、小	臺北市	（稅額 5,760 円，電話 941）	田中彌市	
145.	賣藥	小	臺北市	有田ドラツク	田所實	
146.	賣藥行商	小	臺北市		田邊政義	
147.	藥種、賣藥	小	臺北市	東京堂	矢野靜雄	
148.	賣藥、酒、莨	小	臺北市		伊藤虎平	
149.	雜貨（賣藥、靴）	卸、小	臺北市	皿益（稅額 21,680 円）	任浩	
150.	雜貨（賣藥、賣藥類似品、酒）	小	臺北市	鍵山支店（稅額 9,600 円，電話 667）	吉谷七五郎	
151.	藥種商、莨（副）、醫療機械、臺北藥業組合、化妝品	卸、小	臺北市	廣生堂藥鋪（稅額 32,140 円，電話 92）	吉越清三郎	
152.	藥種	小	臺北市	壽藥局（稅額 3,080 円，電話 2457）	多賀萬壽	
153.	藥種	小	臺北市	高砂藥局	成田清普	
154.	賣藥（製）	小	臺北市	天德堂藥房	江子燦	
155.	藥種	小	臺北市	新和成藥鋪	江份	

156.	賣藥	小	臺北市		江島邦三郎、(代)山下ツキ	
157.	藥種	卸、小	臺北市	江聯發商行(稅額6,080円,電話3534)	江烏	
158.	賣藥行商	小	臺北市		池田吉二、岸岡久松、(代)大島源九郎	
159.	賣藥類似品、文具	小	臺北市	池田商店	池田時雄	
160.	賣藥行商	小	臺北市		池田數馬	
161.	醫療用藥品器具、機械、莨、郵票、藥種	卸、小	臺北市	三共株式會社臺灣出張所(稅額41,994円,電話2024)	池村茂郎	
162.	賣藥	小	臺北市	(稅額2,160円)	池森永二郎	
163.	賣藥	卸、小	臺北市	王子製藥合資會社臺北出張所	西山五一	
164.	藥種(寫真及機械材料)	卸、小	臺北市	西尾商店(稅額14,116円,電話1030)	西尾靜夫	
165.	賣藥、雜貨、小間物	小	臺北市	成泰號(稅額3,520円)	何氏阿劉	
166.	賣藥	小	臺北市	愛生堂	佐佐木キミ	
167.	藥種、賣藥類似品	製、小	臺北市		佐藤會哲	
168.	藥種商		臺北市	合資會社世界藥房	吳世雄	
169.	藥種、賣藥	卸、小	臺北市	協吉成	吳家走	
170.	賣藥(雜貨)	小	臺北市	成和(稅額2,560円)	吳家傳	
171.	藥種	小	臺北市		吳砵	
172.	雜貨(賣藥)	小	臺北市	(稅額3,520円)	吳塗樹	
173.	藥種、賣藥	小	臺北市	同安祥	呂定書	
174.	藥種、賣藥	製卸小	臺北市	回生堂	呂東年	
175.	賣藥	小	臺北市		呂曾生	
176.	賣藥(雜貨)	小	臺北市	尾縣商店(稅額4,000円,電話2915)	尾縣勘作	
177.	化妝品、賣藥、藥種	製卸小	臺北市	香港神農氏大藥房(稅額4,130円,電話3578)	巫世傳	

178.	賣藥	卸、小	臺北市	萬生堂（稅額 9,620 円，電話 2730）	志田茂雄	
179.	藥種、賣藥	卸、小	臺北市	添壽號（稅額 22,000 円，電話 677）	李友寬	
180.	賣藥、雜貨	小	臺北市	金豐發（稅額 2,720 円）	李坑	
181.	賣藥		臺北市	合資會社東華藥房（資本金 4,500 円）	李孝洲	1923 年
182.	藥種、賣藥	卸、小	臺北市	添籌	李良榮	
183.	賣藥、賣藥類似品	小	臺北市		李來成	
184.	賣藥（雜貨）	小	臺北市	聚興（稅額 4,400 円）	李板桂	
185.	藥種、賣藥、酒	小	臺北市	吉星	李金恭	
186.	藥種、賣藥、賣藥類似品、藥材（草根木皮）	小	臺北市	良籌	李金根、李金振	
187.	藥種、人蔘	卸、小	臺北市	李金燦參莊（稅額 21,800 円，電話 1679）	李金燦	
188.	藥種、酒、賣藥、化妝品	製卸小	臺北市	區臣氏大藥房（稅額 12,600 円，電話 1670）	李俊啟	
189.	藥種、賣藥	小	臺北市	保生號（稅額 3,200 円）	李炳福	
190.	賣藥、藥種商	卸、小	臺北市	大和堂藥房（稅額 30,300 円，電話 2437 和 3022）	李英	
191.	藥種、賣藥、化妝品（副）	小	臺北市	榮康藥鋪	李茶康	
192.	藥種	卸	臺北市	集元	李傅盛、黃海	
193.	藥種、賣藥	小	臺北市		李華嶽	
194.	藥種	小	臺北市	新成昌藥房	李輝煌、林炎樹	
195.	藥粉（請負）		臺北市		李應成	
196.	和洋雜貨（賣藥）	卸、小	臺北市	村井商行（稅額 64,080 円，電話 22 和 23）	村井房吉	
197.	賣藥（世帶道具）	小	臺北市	（稅額 2,880 円）	村田傳一	
198.	藥種商	小	臺北市	神效堂	杜火龍	

199.	藥種、賣藥	小	臺北市	和元漢西藥房	杜紅番	
200.	莨、賣藥、化妝品、郵票	小	臺北市	小島屋杉內商店	杉內トシ	
201.	藥品	卸	臺北市	大日本製藥株式會社	杉田萬吉	
202.	藥種商竝ニ化妝品	小	臺北市	和光堂藥房	杉浦鑛次	
203.	藥種、賣藥	小	臺北市		沈阿昌	
204.	藥種、賣藥	小	臺北市	玉安堂	汪塗山	
205.	賣藥	卸	臺北市	有田ドラック商會臺灣支店（稅額 3,960 円，電話 3311）	谷川寅彥	
206.	賣藥	卸、小	臺北市	谷野商行（稅額 8,040 円，電話 939）	谷野平次郎	
207.	賣藥、藥種	卸、小	臺北市	協吉成（稅額 19,860 円）	周土冀	
208.	藥種	小	臺北市	調元（稅額 2,800 円）	周水源	
209.	漢藥、化妝品、洋雜貨	小	臺北市	周源益	周地	
210.	藥、酒、莨	小	臺北市	永茂藥行	周李氏般	
211.	藥種	卸、小	臺北市	恒源（稅額 15,700 円）	周定書	
212.	漢藥、藥種	小	臺北市	宏生老藥行（存心）	周東海	
213.	賣藥	製、卸	臺北市	三元大藥鋪	周狀隆	
214.	藥種	小	臺北市	周鴻昌號	周啟昌	
215.	藥種	小	臺北市	周慶安	周清鉛	
216.	藥種、漢藥	小	臺北市	慶茂、慶茂笑記	周清標、周清淡	
217.	藥種、賣藥、賣藥類似品	小	臺北市	調元	周植濤	
218.	雜貨（木炭、賣藥）	卸、小	臺北市	周東興（稅額 4,800 円）	周登緒	
219.	賣藥	製、小	臺北市		周團煉	
220.	藥種	卸	臺北市	元成信記（稅額 18,126 円）	周錡	
221.	賣藥（雜貨）	卸	臺北市	坪井商店（稅額 10,800 円，電話 1395）	坪井秦太郎	
222.	銃炮、火藥、藥種、賣藥	卸、小	臺北市	三生堂	岩田鼎	

223.	賣藥、賣藥類似品、莨、雜菓子	小	臺北市	白山堂	幸野カヨ	
224.	小間物（藥種）	小	臺北市	春雨堂（稅額 3,800 円，電話 1527）	服部知春	
225.	藥種、賣藥類似品、移入販賣	小、卸	臺北市	臺灣藥業商事合資會社	東谷光亮	
226.	賣藥、莨、菓	小	臺北市		東城尚彥	
227.	藥品	卸、小	臺北市	金勝堂	林九賽	
228.	賣藥、藥種	小	臺北市	存仁（稅額 3,600 円）	林士嘴	
229.	賣藥（雜貨）	小	臺北市	福生隆（稅額 6,000 円）	林大弟	
230.	藥種、化妝品	小	臺北市	東京藥局	林太郎	
231.	藥種	小	臺北市	長生藥房	林心匏	
232.	賣藥、賣藥類似品、菓子、菓實	小	臺北市		林氏㲼	
233.	藥種	卸	臺北市	林商會	林阿大	
234.	雜貨（賣藥）	小	臺北市	林盛記（肥）（稅額 2,400 円）	林春木	
235.	藥種	小	臺北市		林春發	
236.	藥種、賣藥	小	臺北市		林炯	
237.	藥種、賣藥	小	臺北市	十字堂藥局	林紀煌	
238.	藥種、漢藥	小	臺北市	林回春藥房（稅額 4,000 円）	林迪連	
239.	賣藥（雜貨）	小	臺北市	合昌（稅額 2,240 円）	林淋	
240.	雜貨（賣藥）	小	臺北市	（稅額 4,000 円）	林細弟	
241.	賣藥	小	臺北市	東京藥局	林傳枝	
242.	オウラート、冰	製、卸	臺北市		林進富	
243.	小間物、賣藥	小	臺北市	福慶隆（稅額 8,000 円，電話 2654）	林傳順	
244.	化妝品、賣藥、藥種、醫療器材	卸、小	臺北市	南北藥房（稅額 7,320 円，電話 1951）	林殿坤	
245.	賣藥、藥種	小	臺北市	東興記（稅額 2,800 円）	林毓	
246.	漢藥、藥種	卸	臺北市	林協興智記	林萬乞	

247.	藥種、雜貨	卸	臺北市	協興（稅額 50,760 円，電話 2479）	林錫疇	
248.	賣藥類似品、酒、鹽、雜貨、賣藥	小	臺北市	松永商店（稅額 5,680 円，電話 474）	松永健輔	
249.	賣藥（佛具）	卸、小	臺北市	（稅額 2,032 円，電話 666）	松原作藏	
250.	藥種貿易		臺北市	株式會社武田長兵衛商店臺北支店	武田長兵衛	
251.	賣藥（雜貨）	小	臺北市	武藤商店（稅額 4,120 円，電話 1046）	武藤玄學	
252.	百草根(藥品)	卸	臺北市		河底新一	
253.	石鹼、油脂、藥品	卸	臺北市	東光株式會社	社長為中辻喜次郎	
254.	賣藥、藥種、化妝品	卸、小	臺北市	近藤鶴盛堂（稅額 2,580 円，電話 472）	近藤梁、進藤鶴松	
255.	藥種	小	臺北市	春元藥房	邱蒼泰	
256.	藥種、賣藥類似品	小	臺北市		金岡直治	
257.	雜貨（賣藥）	小	臺北市	金重商店（稅額 10,400 円，電話 257）	金重米作	
258.	藥局	小	臺北市	井上藥局	長谷田久吉	
259.	藥種、賣藥、藥局	小	臺北市	合資會社中央藥局	前川寬	
260.	雜貨（文具、賣藥）	小	臺北市	（稅額 2,000 円）	南市太郎	
261.	賣藥	卸、小	臺北市	國際保健研究所臺灣出張所(稅額 5,060 円，電話 2369）	室谷定隆	
262.	賣藥行商	小	臺北市		施仲謀	
263.	藥草／栽培及販賣		臺北市	臺灣製藥株式會社	星一	
264.	賣藥、什貨	小	臺北市		柯在明	
265.	賣藥（雜貨）	小	臺北市	金治發(稅額 5,200 円）	柯進裕	
266.	藥種	製卸小	臺北市	對關堂藥房（稅額 2,370 円，電話 1005）	柏村千代槌	
267.	藥種、賣藥	卸、小	臺北市	柳藥局	柳榮太郎	

268.	藥種、賣藥商、賣藥製造	製卸小	臺北市	滋生堂（稅額 9,652 円）	洪團飛	
269.	賣藥、藥種（酒）	小	臺北市	ドラツグ商會支店（稅額 2,280 円，電話 3019）	津村虎次郎	
270.	賣藥	小	臺北市	（稅額 9,400 円，電話 1391）	淺水木竹一	
271.	漢藥、藥種	小	臺北市	老益昌	紀乃潭	
272.	藥種、賣藥、粉末、酒、莨、郵便切手、阿片	製、卸、小	臺北市	三豐堂（三豐藥鋪，稅額 10,220 円，電話 507 和 2960）	耍千枝太郎	
273.	賣藥	製、卸	臺北市	永安堂蚊記	胡仲英	
274.	藥種、賣藥	小	臺北市	吉祥藥房（稅額 2,520 円）	胡坤	
275.	賣藥、藥種	小	臺北市	成昌	胡初棠	
276.	小間物（賣藥）	卸、小	臺北市	小町屋（稅額 2,580 円）	音成源吉郎	
277.	小間物（賣藥、玩具）	卸、小	臺北市	すみれや（稅額 7,644 円，電話 856）	食野セイ	
278.	藥種、賣藥	卸、小	臺北市	信友藥房（稅額 4,016 円，電話 3265）	原田三五	
279.	賣藥（世帶道具）	卸、小	臺北市	姬野商店（稅額 6,032 円，電話 30）	姬野真多郎	
280.	賣藥	小	臺北市	福生堂藥房	孫賓	
281.	藥	小	臺北市	晃進堂藥鋪	宮良長智	
282.	賣藥	小	臺北市	博愛堂	徐鼎元	
283.	藥種、賣藥	小	臺北市	捷美	徐德鄉	
284.	藥草	小	臺北市		徐錦火	
285.	藥種（星製藥）、賣藥、醫療機械、阿片、度量衡器	卸、小	臺北市	星製藥株式會社臺灣出張所（稅額 85,064 円，電話 737 和 998）	桂文俊	
286.	藥種、賣藥	製、卸	臺北市	合資會社臺北廣貫堂	桑田忠三郎	
287.	賣藥商	卸、小	臺北市	合資會社桑田商行	桑田忠次郎	
288.	賣藥、賣藥類似品	小	臺北市		柴田キヨノ	

289.	藥種、賣藥、處方籤調劑、化妝品、小間物	小	臺北市	カミヤ藥局	神谷二郎	
290.	藥種	小	臺北市	復元	秦山田	
291.	賣藥、雜菓子、莨	小	臺北市	茶山仁生堂	茶山トナ	
292.	藥種、賣藥、漢藥	小	臺北市	慶春藥房	記俊修	
293.	賣藥行商	小	臺北市		針山梅次郎、(代)川上勝喜	
294.	賣藥	卸、小	臺北市	高山商會（稅額 2,180 円，電話 665 和 3453）	高山仰	
295.	藥種、賣藥、化妝品、臺灣藥事報(月版)	卸、小	臺北市	天賞堂（稅額 2,400 円，電話 1337）	高井四郎	
296.	賣藥、酒、莨、文具、菓子	小	臺北市	高木商店	高木直造	
297.	賣藥	卸、小	臺北市	山中園（稅額 3,642 円，電話 1014）	高田久四郎	
298.	各種賣藥	卸	臺北市	明治堂	高尾臣男	
299.	強力營養劑、增血強壯劑、強腦強精劑、漂白木棉、繃帶、其他消毒材料	小	臺北市	新起商會	高尾靜	
300.	雜貨、賣藥	小	臺北市	全興（稅額 3,400 円）	高林氏香官	
301.	小間物、賣藥、雜貨	小	臺北市	（稅額 3,000 円）	高阿書	
302.	賣藥、藥種	小	臺北市	（稅額 3,000 円，電話 3772）	高犀輝	
303.	賣藥、化妝品	卸、小	臺北市	高進商店	高楊樹	
304.	賣藥、釣道具、文具	小	臺北市		執烏サト	
305.	雜貨、賣藥	小	臺北市	張協豐第二支店（稅額 3,360 円）	張八俤	

306.	藥種、賣藥、漢藥	小	臺北市	乾和藥房（稅額 2,400 円）	張乞食	
307.	賣藥、藥種	卸、小	臺北市	和昌（稅額 14,600 円，電話 2314）	張干祿	
308.	藥種、賣藥	小	臺北市	養元	張石□	
309.	藥種材料	卸	臺北市	裕春（稅額 3,600 円）	張和傑	
310.	藥種、賣藥	小	臺北市	天元漢藥房	張金土	
311.	賣藥	製、小	臺北市	五生堂藥房	張金火	
312.	藥種、賣藥、賣藥類似品	小	臺北市	新成昌藥房	張金石	
313.	賣藥、雜貨	卸、小	臺北市	老源春號（稅額 11,700 円）	張阿帳	
314.	藥種商	卸、小	臺北市	合資會社協豐藥局	張孫名	
315.	藥種商		臺北市	合資會社良玉藥行	張孫猷	
316.	賣藥、雜貨	小	臺北市	張興記（稅額 3,600 円）	張家明	
317.	小間物、文具、賣藥	小	臺北市	小波支店（稅額 3,200 円，電話 3439）	張添進	
318.	漢藥	小	臺北市		張通	
319.	賣藥行商	小	臺北市		張港	
320.	賣藥、雜貨	小	臺北市	（稅額 10,400 円）	張榆	
321.	藥種、賣藥	小	臺北市	逢生（庄）西漢藥店	張嘉祥	
322.	賣藥	小	臺北市	張金水山莊	張劉士永阿綿、（代）林黃茂	
323.	賣藥、雜貨	小	臺北市	益興（稅額 8,800 円）	梁訓理	
324.	藥種	卸、小	臺北市	臺北藥局	淺川純一	
325.	小間物（果子、賣藥）	小	臺北市	清香園（稅額 6,400 円，電話 2658）	淺井守敏	
326.	賣藥行商	小	臺北市		笠井榮二、（代）木村米次郎	
327.	雜貨（賣藥）	小	臺北市	（稅額 5,600 円，電話 2474）	船岡萬作	
328.	藥種、アルコール、莨、化妝品	小	臺北市		船越清太郎	
329.	藥種、賣藥	製卸小	臺北市	臺灣藥材公司	莊石南	

330.	藥種、賣藥	小	臺北市	廣和	莊阿炎	
331.	賣藥	小、製	臺北市	濟生堂藥房	莊劉士永梅路	
332.	漢藥	小	臺北市	濟安堂	許其下	
333.	藥種、賣藥	小	臺北市	成昌	許初棠	
334.	漢藥	小	臺北市	博濟	許登埔	
335.	賣藥、賣藥類似品	小	臺北市	萬傳藥房	許萬傳	
336.	賣藥、賣藥類似品、賣藥移入	卸	臺北市	松南號	許糊	
337.	藥種、人蔘	卸、小	臺北市	連錦泰號（稅額 5,980 円）	連細昂	
338.	賣藥（齒科機械、寫真材料）	小	臺北市	日生堂（稅額 4,400 円，電話 2686）	郭石頭	
339.	賣藥、器械	小	臺北市		郭忠義	
340.	藥種、賣藥、賣藥類似品	小	臺北市	振元藥行	郭樹	
341.	小間物（果子、賣藥）	小	臺北市	臺北驛待合所（稅額 4,800 円）	野口八重	
342.	賣藥、莨、化妝品、雜菓子類	小	臺北市		野田周教	
343.	賣藥（雜貨）	小	臺北市	（稅額 5,200 円，電話 2454）	野池トヨ	
344.	藥種、吸入酵素	小	臺北市	壽商會	野崎トヨ	
345.	藥種、漢藥	小	臺北市	增壽	陳□觀	
346.	漢藥、藥種、賣藥	小	臺北市	協記藥鋪	陳文星	
347.	雜貨（賣藥）	小	臺北市	（稅額 4,480 円）	陳氏招	
348.	藥、莨	小	臺北市		陳氏碧蓮	
349.	賣藥、蚊取線香	小	臺北市	治安堂藥房	陳水木	
350.	賣藥	小	臺北市	（稅額 6,080 円）	陳牛	
351.	賣藥（和洋雜貨）	小	臺北市	福榮昌（稅額 3,920 円）	陳王氏銀花	

352.	漢藥、藥種（番頭標萬金油、番頭標調經丸、吉元頭痛粉）	製、卸	臺北市	陳有福藥材製造所（兩名男工，一臺種類電、二馬力數的原動機）、詹德芳、陳協裕號（稅額 3,060 円）	陳有福	1927 年
353.	藥種商、酒精、賣藥	製、卸、小	臺北市	東亞藥房（稅額 41,368 円，電話 791 和 767）	陳作霖	
354.	雜貨（賣藥）	小	臺北市	陳合興（稅額 2,880 円）	陳枝	
355.	賣藥	製、小	臺北市	濟生	陳林氏牽治	
356.	藥種	卸	臺北市	益裕藥行	陳阿送	
357.	藥種	製卸小	臺北市	乾元藥房（稅額 75,760 円，電話 1076）	陳茂通	
358.	賣藥、賣藥類似品	製、小	臺北市	長生堂藥房	陳振芳	
359.	藥種	小	臺北市	陳貞元	陳培挺	
360.	賣藥	製卸小	臺北市	新興製藥株式會社	陳培雲	
361.	賣藥、藥種	小	臺北市	治生堂藥房（稅額 3,600 円）	陳得喜	
362.	藥種	小	臺北市	全安堂	陳清祥	
363.	賣藥、雜貨	小	臺北市	福榮昌支店（稅額 21,600 円，電話 2528）	陳發梨	
364.	漢藥商		臺北市	株式會社天興藥行	陳源遠	
365.	賣藥、雜貨	小	臺北市	（稅額 3,360 円，電話 2099）	陳滄浪	
366.	藥種	製、小	臺北市		陳葛	
367.	藥種、賣藥	卸	臺北市	參奇行	陳壽健	
368.	藥種、賣藥	卸、小	臺北市	乾元藥房（稅額 2,400 円）	陳福	
369.	賣藥、賣藥類似品、罐詰、菓子	小	臺北市		陳福仁	
370.	藥種、賣藥	小	臺北市		陳慶	
371.	雜貨、賣藥	小	臺北市	（稅額 3,440 円）	陳樹	
372.	藥種、軍效丸	小	臺北市	南華藥行	陳錦竹	
373.	藥種	小	臺北市	活生藥房	陳龍泉	
374.	藥種	卸	臺北市	榮豐藥行	陳麗山	

375.	雜貨、賣藥	小	臺北市	（稅額 3,200 円，電話 2501）	鹿田一次	
376.	藥種、賣藥	小	臺北市	金星堂藥鋪	傅金泉	
377.	藥種、漢藥、酒	小	臺北市	茂昌	傅朝桂	
378.	賣藥	卸、小	臺北市	富山商店（稅額 6,000 円，電話 1489）	富山菊太郎	
379.	賣藥（雜貨）	小	臺北市	（稅額 7,200 円）	曾玉	
380.	賣藥類似品販賣	卸	臺北市	南邦商事合資會社	森田正興	
381.	賣藥（理化學機械）	卸、小	臺北市	勢光堂（稅額 2,820 円，電話 2203）	森田要藏	
382.	藥種、賣藥	製卸小	臺北市	信生堂（稅額 8,030 円，電話 1289）	森田藤吾	
383.	賣藥類似品移入、茶	小	臺北市		植本正一郎	
384.	藥種、賣藥、酒	小	臺北市	發記	游廖振發	
385.	藥種、莨、化妝品	小	臺北市	京町藥局	筒井基輔	
386.	賣藥、賣藥類似品輸入、其他日用雜貨	卸、小	臺北市	菊谷商店	菊谷隆一	
387.	賣藥、莨、化妝品(美神丸)	卸、小	臺北市	健康社	隅田德次郎	
388.	藥種	卸、小	臺北市	臺北藥材公司（稅額 26,780 円，電話 212）	黃仁根、莊石南	
389.	賣藥	小	臺北市	金成藥房	黃文傑	
390.	藥種、賣藥	製卸小	臺北市	松英堂藥鋪	黃阿松	
391.	藥種、賣藥、化妝品	小	臺北市	東門藥鋪	黃葉氏藤	
392.	漢藥、西藥	製、小	臺北市		黃麗生	
393.	藥種	小	臺北市	黃壽全	黃耀崑	
394.	雜貨（賣藥）	小	臺北市	玉記（稅額 9,280 円）	黑田マサ	
395.	藥種、莨、化妝品、文房具（副）	小	臺北市	長生堂	黑崎正太郎	

396.	賣藥、藥種	卸、小	臺北市	泰生堂支店（稅額 6,580 円，電話 323）	新原龍太郎	
397.	藥種	製卸小	臺北市	新原泰生堂	新原謙相	
398.	藥種、賣藥	小	臺北市	晉生	楊水木	
399.	藥種	小	臺北市	太和	楊名金	
400.	賣藥	小	臺北市		楊阿沛	
401.	雜貨（賣藥）	小	臺北市	（稅額 6,520 円）	楊振昌	
402.	賣藥、藥種	卸、小	臺北市	捷茂行（稅額 36,700 円，電話 970）	楊接枝	
403.	藥種、賣藥商	卸、小	臺北市	捷茂（代）	楊接接、蘇穀保	
404.	藥種	卸、小	臺北市	葉雙發秦記（稅額 81,600 円，電話 135）	葉喜尋	
405.	賣藥、藥種商	小	臺北市	恒生堂藥房	葉煉金	
406.	藥種、賣藥、漢藥	小	臺北市	慶生	鄒墻、鄒皂	
407.	齒科機械材料、賣藥及類似品	小	臺北市	廖齒科商店（真快好藥店）	廖正亮	
408.	漢藥、賣藥、藥種	卸、小	臺北市	萬寶堂藥房	廖樹	
409.	藥種、賣藥、化妝品	小	臺北市	大丸藥局	熊野熊雄	
410.	賣藥、莨、小間物	小	臺北市		福永初助	
411.	藥種商、化妝品、賣藥	卸、小	臺北市	合資會社ダルマ藥局（稅額 2,136 円，電話 3441）	福田小三郎	
412.	藥局	卸、小	臺北市	南門藥局（稅額 8,008 円，電話 1563 和 2594）	福田馬吉	
413.	小間物（賣藥）	小	臺北市	英進堂（稅額 3,140 円，電話 2668）	緒方英一	
414.	藥種、賣藥、酒	小	臺北市	昭和藥鋪	齊藤德雄	
415.	賣藥（雜貨）	小	臺北市	齊藤商店（稅額 4,120 円，電話 1558）	齊藤篤太郎	
416.	洋雜物、小間物、賣藥	小	臺北市		劉士永換	
417.	漢藥種	小	臺北市	協記藥局	劉林氏合	

418.	藥種	小	臺北市	益壽堂藥房（稅額 2,400 円）	劉炳煌	
419.	藥種	小	臺北市	劉福隆藥行	劉福隆	
420.	賣藥	小	臺北市		幡野隆重	
421.	藥種、漢藥、賣藥類似品	小	臺北市	吉興藥行	潘光恩、潘氏碧蓮	
422.	賣藥、莨	小	臺北市	文化公司	蔣渭川	
423.	藥種、賣藥	小	臺北市		蔡建興	
424.	賣藥（雜貨）	小	臺北市	（稅額 2,120 円）	蔡春成	
425.	藥種、賣藥	製、小	臺北市	正元	蔡秋塗	
426.	賣藥	卸、小	臺北市	（稅額 2,040 円，電話 3311）	蔡恭	
427.	藥種、賣藥	小	臺北市	茂元恒德棧（稅額 3,840 円）	蔡婆	
428.	雜貨（藥種）	卸	臺北市	恒德茂（稅額 15,948 円）	蔡德枝	
429.	雜貨（賣藥）	小	臺北市	三木商店（稅額 12,000 円，電話 334）	鄭三馨	
430.	藥種、賣藥類似品、化妝品販賣		臺北市	合資會社東門藥鋪	鄭郭嬰	
431.	藥種、賣藥、賣藥類似品	小	臺北市	恒仁	鄭騰輝	
432.	藥種、醫療器	卸	臺北市	澤野商店（稅額 3,600 円，電話 1025）	澤野文男	
433.	消毒藥	小	臺北市		澤野富水夫	
434.	藥種賣藥	卸、小	臺北市	西瀛公司	盧額	
435.	賣藥、化妝品	小、卸	臺北市	安生堂藥房	賴青龍	
436.	賣藥	小	臺北市		館內壽知	
437.	藥種	卸	臺北市	天興（稅額 4,500 円）	謝木桂	
438.	藥種、賣藥	小	臺北市		謝阿豐	
439.	漢藥	小	臺北市	手平堂	謝炳東	
440.	賣藥（雜貨）	小	臺北市	金長發（稅額 4,000 円）	謝尊賢	
441.	藥種商	卸、小	臺北市	日星堂藥房（稅額 8,080 円）	簡石能	
442.	藥種、賣藥類似品、化妝品	小	臺北市	建成堂	簡欽圳	

443.	賣藥、賣藥類似品、菓子	小	臺北市		簡黃氏清香	
444.	洋漢藥種、賣藥類似品	小	臺北市	保安藥行	簡鴻輝	
445.	藥種	小	臺北市	羅濟功藥房	羅清池	
446.	賣藥	卸、小	臺北市	藤井吳服店（稅額71,000 円，電話1977）	藤井源吉	
447.	消毒劑	卸、製	臺北市		瀧口謙一、（代）世良壽	
448.	藥種	卸	臺北市	（稅額15,228 円）	蘇明沐	
449.	賣藥	小	臺北市	蘇金塗商店	蘇金塗	
450.	漢藥、藥種、賣藥	製、小	臺北市	存仁（稅額2,400 円）	蘇國	
451.	藥種	小	臺北市		蘇捉江	
452.	藥種、藥類、（木棉）棉	小	臺北市	續商行	續信一	
453.	賣藥同類似品	小	臺北市	延年堂	龔來富	
454.	化妝品、小間物、履物、袋物、賣藥	小	臺北市	坂口商店	坂口マシ	
455.	藥、注射器	卸、小	臺北市	浪速製藥株式會社臺北出張所	坂本宏	
456.	小間物（賣藥）	小	臺北市	十一屋（稅額6,400 円，電話2134）	脇村清吉	
457.	賣藥類似品		臺北市	德美堂參行	吳兩德	
458.	藥種		八塊庄	（稅額1,100 円）	盧祥	
459.	藥種、賣藥		三叉庄	（稅額1,390 円）	詹芳榮	
460.	藥種、賣藥		三叉庄	（稅額1,032 円）	廖媽標	
461.	藥種		三灣庄	永安（稅額645 円）	張阿回	
462.	藥種、菓子		三灣庄	和安座（稅額2,150 円）	徐雙錦	
463.	藥種、雜貨		大湖庄	（稅額5,590 円）	吉岡才治郎	
464.	藥種		大湖庄	（稅額602 円）	徐捷連	
465.	藥種		大湖庄	（稅額602 円）	彭阿煥	
466.	雜貨、賣藥、酒		大湖庄	益盛（稅額13,588 円）	謝瑞祥	
467.	小間物、賣藥		大園庄	新興發（稅額1,118 円）	林水生	

468.	藥種、雜貨、煙草、酒		大園庄	（稅額 500 円）	王坡	
469.	藥種		大溪街	太和（稅額 600 円）	呂蕭夫	
470.	賣藥	卸、小	大溪街	恒和源記（稅額 12,132 円，電話 36）	李開源	
471.	藥種		大溪街	益安堂（稅額 940 円）	李催智	
472.	雜貨、藥種、賣藥	小	大溪街	金昌堂（稅額 2,064 円）	林灶炎	
473.	藥種、賣藥（雜貨）	小	大溪街	（稅額 4,902 円，電話 15）	河本寅造	
474.	賣藥	卸、小	大溪街	勝和（稅額 29,936 円，電話 37）	陳水性	
475.	賣藥	小	大溪街	順番（稅額 3,268 円）	陳得	
476.	賣藥	卸、小	大溪街	源順（稅額 22,756 円）	曾阿群	
477.	酒、藥種、賣藥	小	大溪街	宏昌（稅額 2,580 円）	游捷卿	
478.	藥種		大溪街	宏利（稅額 774 円）	游朝聘	
479.	藥種		大溪街	（稅額 1,036 円）	黃乞食	
480.	賣藥	小	大溪街	復源（稅額 4,314 円）	詹克明	
481.	賣藥	小	大溪街	萬利（稅額 5,160 円）	劉建基	
482.	藥種		大溪街	再生堂（稅額 1,440 円）	簡應麟	
483.	藥種		中壢街	乾濟（稅額 1,560 円）	張石安	
484.	藥種		中壢街	同生堂（稅額 1,020 円）	黃欽賜	
485.	雜貨、酒、煙草、賣藥		中壢街	濟春支店（稅額 13,518 円）	尹榮開	
486.	藥種		中壢街	安仁（稅額 602 円）	張芳	
487.	藥種		中壢街	仁濟（稅額 2,330 円）	張維禎	
488.	藥種		中壢街	德茂（稅額 540 円）	陳明朝	
489.	藥種		中壢街	勝昌（稅額 1,100 円）	簡文淡	
490.	藥種		中壢街	益財（稅額 720 円）	官阿樹	
491.	藥種		中壢街	（稅額 946 円）	簡志仁	
492.	藥種		中壢街	大生堂（稅額 1,750 円）	徐阿榮	
493.	藥種		六家庄	德和（稅額 560 円）	徐木春	
494.	藥種、賣藥		六家庄	濟壽（稅額 989 円）	林雲展	
495.	雜貨、酒、莨、賣藥、獸肉		公館庄	（稅額 4,218 円）	鍾當座	

496.	藥種、賣藥		公館庄	（稅額 946 円）	傅家獻	
497.	雜貨、賣藥、食鹽		公館庄	（稅額 1,720 円）	古江漢	
498.	藥種、賣藥		公館庄	（稅額 1,720 円）	劉華棠	
499.	油、賣藥、雜貨、干魚、食鹽、爆竹		公館庄	（稅額 6,106 円）	傅招金	
500.	藥種、賣藥		公館庄	（稅額 774 円）	劉阿登	
501.	雜貨、肥料、賣藥		公館庄	（稅額 2,640 円）	洪阿盛	
502.	藥種、賣藥		公館庄	（稅額 1,032 円）	張世聲	
503.	石灰、爆竹、雜貨、酒、賣藥		公館庄	（稅額 1,624 円）	林天送	
504.	雜貨、煙草、酒、布、食鹽、賣藥		公館庄	（稅額 4,316 円）	陳金漢	
505.	藥種、賣藥		公館庄	（稅額 946 円）	鍾占梅	
506.	藥種		北埔庄	火年（稅額 559 円）	劉清漢	
507.	藥種、賣藥		四湖庄	（稅額 1,204 円）	李金生、李傑生	
508.	藥種		平鎮庄	萬安（稅額 774 円）	王景傳	
509.	藥種		平鎮庄	保元（稅額 800 円）	范德逢	
510.	雜貨、菓子、賣藥		竹東庄	乾隆（稅額 1,935 円）	王乾金	
511.	藥種		竹東庄	（稅額 516 円）	李阿石	
512.	藥種、印判		竹東庄	宏生（稅額 989 円）	李阿泉	
513.	賣藥		竹東庄	（稅額 3,340 円）	彭金玉	
514.	藥種		竹東庄	德春（稅額 774 円）	楊葵祥	
515.	藥種		竹東庄	六生（稅額 4,268 円）	劉家沐	
516.	藥種		竹南庄	（稅額 774 円）	林允居	
517.	藥種		竹南庄	（稅額 1,677 円）	陳安瀾	
518.	賣藥、酒		竹南庄	林福記（稅額 4,480 円）	林福	
519.	藥種、雜貨其他		竹南庄	吳記（稅額 1,893 円）	吳盛傳	
520.	藥種		芎林庄	（稅額 602 円）	彭吳旺丁	

521.	藥種		芎林庄	（稅額 1,075 円）	曾金喜	
522.	苧、菓子、藥種		南庄字	（稅額 1,380 円）	鍾錦泉	
523.	賣藥、家具		南庄字	（稅額 686 円）	劉天賜	
524.	印刻、藥種		南庄字	四時春（稅額 1,249 円）	張富元	
525.	雜貨、藥種		後龍庄	同興（稅額 2,881 円）	鄭錦蘭	
526.	雜貨、賣藥		後龍庄	（稅額 15,148 円）	陳思貞	
527.	小間物、賣藥		後龍庄	（稅額 5,934 円）	洪木	
528.	煙草、賣藥、爆竹		後龍庄	川源（稅額 1,470 円）	蘇纘源	
529.	藥種		後龍庄	鎰安（稅額 1,290 円）	阮發	
530.	吳服、雜貨、賣藥		後龍庄	錦德（稅額 1,849 円）	葉文秀	
531.	雜貨、賣藥		後龍庄	賜記（稅額 7,267 円）	沈賜記	
532.	藥種		後龍庄	保生（稅額 774 円）	蕭寶	
533.	藥種、賣藥		苗栗街	泰生堂支店(稅額 4,731 円)，本店位於新竹市		
534.	雜貨、賣藥、藥種	卸、小	苗栗街	山本商會本店（稅額 14,176 円，電話 8）	山本長八	
535.	藥種、酒、煙草、吳服	卸、小	苗栗街	六車西洋賣藥舖（稅額 15,981 円，電話 120）	六車繁太郎	
536.	藥種		苗栗街	（稅額 1,204 円）	何阿妹	
537.	藥種		苗栗街	培元（稅額 960 円）	宋榮賢	
538.	藥種、賣藥（雜貨）	卸、小	苗栗街	蘭香（稅額 31,883 円）	徐立春	
539.	藥種	卸、小	苗栗街	（稅額 6,064 円）	翁細	
540.	藥種		苗栗街	（稅額 2,216 円）	翁森榮	
541.	煙草、酒、雜貨、賣藥		苗栗街	（稅額 1,891 円）	張神扶	
542.	雜貨、藥種		苗栗街	順成（稅額 2,250 円）	陳明生	
543.	賣藥、煙草		苗栗街	共成（稅額 2,580 円）	陳阿戊	
544.	雜貨、藥種		苗栗街	義泰（稅額 3,956 円）	彭阿滿	
545.	藥種		苗栗街	（稅額 688 円）	曾介榮	
546.	雜貨、酒、藥種		苗栗街	繼興（稅額 1,806 円）	湯新盛	

547.	賣藥類似品、雜貨		苗栗街	（稅額 4,130 円）	湯慶鼎	
548.	藥種		苗栗街	（稅額 1,104 円）	黃文祖	
549.	藥種、文具、賣藥	小	苗栗街	新原泰生堂（稅額 4,730円，電話 5）	新原龍太郎	
550.	藥種		苗栗街	和生（稅額 860 円）	賴阿進	
551.	藥種	卸、小	苗栗街	保安（稅額 2,006 円）	賴漢東	
552.	米、賣藥		苗栗街	（稅額 1,377 円）	謝榮華	
553.	賣藥	卸、小	苗栗街	義美商店（稅額 19,184円）	瀨松盛	
554.	藥種、賣藥		苑裡庄	（稅額 1,204 円）	林敦	
555.	藥種		苑裡庄	（稅額 2,064 円）	張阿殿	
556.	吳服、賣藥		苑裡庄	（稅額 2,150 円）	張春德	
557.	爆竹、藥種、賣藥		苑裡庄	（稅額 5,160 円）	郭南枝	
558.	藥種		苑裡庄	（稅額 1,031 円）	鄭戊己	
559.	莨、雜貨、賣藥		苑裡庄	（稅額 5,074 円）	鄭仲同	
560.	雜貨、酒、賣藥、莨、爆竹、石油		苑裡庄	（稅額 9,066 円）	鄭老連	
561.	藥種		苑裡庄	（稅額 860 円）	鄭梗	
562.	藥種		苑裡庄	（稅額 860 円）	蕭正	
563.	藥種、賣藥		苑裡庄	（稅額 1,720 円）	鍾獻為	
564.	藥種		峨眉庄	育元（稅額 774 円）	游成壽	
565.	藥種		峨眉庄	壽昌（稅額 516 円）	吳石德	
566.	藥種		峨眉庄	承春（稅額 559 円）	曾乾秀	
567.	藥種兼行商		桃園街	（稅額 774 円）	李和江	
568.	藥種、酒		桃園街	（稅額 2,500 円）	公文遊龜	
569.	賣藥	小	桃園街	加藤商店（稅額 15,136円，電話 8）	安藤喜藏	
570.	藥種		桃園街	慶安（稅額 500 円）	呂阿加	
571.	賣藥	小	桃園街	（稅額 2,752 円）	呂獅	
572.	莨、雜貨、賣藥		桃園街	（稅額 688 円）	李龍	

573.	雜貨、酒、爆竹、賣藥		桃園街	金泰發（稅額 7,624 円）	林王維	
574.	莨、阿片、酒、賣藥		桃園街	（稅額 7,826 円）	林禎	
575.	賣藥（雜貨）	小	桃園街	徐源港（稅額 9,460 円）	徐胡氏鳳	
576.	雜貨、藥種、賣藥	卸、小	桃園街	（稅額 2,742 円）	徐添丁	
577.	藥種、冰		桃園街	同和（稅額 900 円）	徐慶茂	
578.	雜貨（賣藥）	小	桃園街	（稅額 5,074 円）	栗林キス	
579.	酒、煙草、雜貨、賣藥		桃園街	涂源港商店（稅額 7,267 円）	涂胡氏鳳	
580.	賣藥（雜貨）	小	桃園街	（稅額 2,408 円）	張來旺	
581.	藥種、賣藥	卸、小	桃園街	（稅額 2,894 円）	莊龍盛	
582.	賣藥	小	桃園街	（稅額 3,096 円）	陳天送	
583.	藥種、菓子		桃園街	保生（稅額 1,376 円）	陳阿昌	
584.	藥種兼行商		桃園街	桃園藥局（稅額 860 円）	陳淇	
585.	賣藥	小	桃園街	（稅額 3,440 円）	陳喬	
586.	賣藥	小	桃園街	（稅額 3,440 円）	游厞	
587.	雜貨、煙草、賣藥		桃園街	振吉號（稅額 10,062 円）	黃天賜	
588.	賣藥（爆竹）	小	桃園街	金和（稅額 3,096 円）	黃地	
589.	藥種		桃園街	金安堂（稅額 900 円）	簡精雲	
590.	セメント、藥種、酒、賣藥	小	桃園街	慶昌（稅額 2,322 円）	簡維國、簡省三	
591.	賣藥、酒、煙草		通霄庄	（稅額 2,451 円）	李金雲	
592.	藥種、賣藥		通霄庄	（稅額 516 円）	邱福祿	
593.	鋕力器、賣藥		通霄庄	（稅額 1,548 円）	張清	
594.	藥種		通霄庄	（稅額 1,190 円）	游金燦	
595.	藥種、賣藥		通霄庄	（稅額 850 円）	湯長發	
596.	賣藥、雜貨、酒、煙草		通霄庄	（稅額 4,859 円）	巫淋居	
597.	藥種		通霄庄	（稅額 2,580 円）	李金漢	
598.	莨、雜貨、賣藥		造橋庄	振發（稅額 1,031 円）	張春榮	

599.	藥種		湖口庄	聚星（稅額 1,204 円）	陳翰	
600.	賣藥、雜貨		新竹市	（稅額 5,160 円）	上州路龜助	
601.	藥種、雜貨		新竹市	（稅額 774 円）	大垣トク	
602.	賣藥類似品		新竹市	山本商會	山本仙三郎	
603.	雜貨（文房具、藥種）	小	新竹市	犬塚商店（稅額 10,664 円，電話 140）	犬塚才太郎	
604.	賣藥類似品		新竹市		王水木	
605.	藥種		新竹市	（稅額 1,248 円）	半田瓊子	
606.	酒類、賣藥、冰、菓物、飲料水		新竹市	（稅額 4,558 円）	田中濱次郎	
607.	賣藥類似品		新竹市		吉川勘助	
608.	賣藥類似品		新竹市		朱新萬	
609.	賣藥、文具紙類、藥種、醬油	卸、小	新竹市	筑後屋江上商店（稅額 6,770 円）	江上喜久治	
610.	雜貨（賣藥）	卸、小	新竹市	（稅額 2,166 円，電話 318）	吳乞	
611.	賣藥	卸、小	新竹市	吳合益（稅額 45,129 円）	吳信達	
612.	賣藥類似品		新竹市		吳曾氏玉	
613.	藥種		新竹市	和順（稅額 906 円）	宋和順	
614.	賣藥	小	新竹市	（稅額 2,666 円）	李石信	
615.	藥種		新竹市	和生堂藥房	林丁壬	
616.	藥種		新竹市	榮昌（稅額 1,118 円）	林才	
617.	賣藥類似品		新竹市		林有土	
618.	賣藥類似品		新竹市	新濟壽	林礽時	
619.	賣藥	小	新竹市	瑞安	林建輝	
620.	雜貨、賣藥		新竹市	林良泉（稅額 870 円）	林炮	
621.	藥種	小	新竹市	新合昌藥房（稅額 3,430 円）	林皇生	
622.	賣藥類似品		新竹市		林秋塗	
623.	賣藥類似品		新竹市		林瀛洲	
624.	賣藥	小	新竹市	（稅額 4,171 円）	松崎靜祐	
625.	藥種業、賣藥類似品		新竹市	合資會社廣東藥房	邱賢定	

626.	藥種		新竹市	（稅額 1,820 円）	青木三郎	
627.	賣藥	小	新竹市	（稅額 5,160 円）	後波真藏	
628.	藥種、賣藥	卸、小	新竹市	（稅額 5,138 円）	柳川純之	
629.	人參商	卸、小	新竹市	日華參行	洪玉進	
630.	賣藥	卸、小	新竹市	（稅額 4,108 円）	洪志	
631.	漢藥種	小	新竹市	全安	范阿奔	
632.	漬物、藥種		新竹市	（稅額 7,371 円）	唐木繁一	
633.	賣藥	小	新竹市	（稅額 2,795 円）	孫宵	
634.	漢藥種	小	新竹市	仁濟	徐煥蘭	
635.	賣藥類似品		新竹市	濟生	徐錦雲	
636.	漢藥種	小	新竹市		張武坤	
637.	賣藥類似品		新竹市		張阿生	
638.	藥種、賣藥	卸、小	新竹市	元昌（稅額 5,064 円）	張翁富	
639.	賣藥商	小	新竹市		張國良	
640.	賣藥	卸、小	新竹市	森茂、新鴻源行	張添水	
641.	賣藥類似品		新竹市		張票	
642.	賣藥	卸、小	新竹市	四時春	張富元	
643.	賣藥類似品		新竹市	廣杏	張登松	
644.	藥種		新竹市	存德（稅額 860 円）	張維達	
645.	文具、藥種		新竹市	（稅額 1,892 円）	清水隆德	
646.	藥種、度量衡、酒、煙草		新竹市	合資會社新竹藥局（稅額 3,010 円，電話 451）	野畑藤吉	
647.	賣藥	小	新竹市	（稅額 3,483 円）	陳九爐	
648.	藥種	小	新竹市	達生堂	陳兆達	
649.	藥種、賣藥、賣藥類似品	卸、小	新竹市	元安（稅額 8,836 円）	陳灶	
650.	藥種		新竹市	新生堂	陳灶添	
651.	賣藥、雜貨		新竹市	成美（稅額 4,902 円）	陳定	
652.	藥種、賣藥	小	新竹市	承隆（稅額 1,638 円）	陳居	
653.	賣藥類似品		新竹市		陳金水	
654.	藥種	卸	新竹市	捷安（稅額 4,844 円）	陳俊元	
655.	漢藥種	小	新竹市	博濟	陳春華	
656.	賣藥	卸	新竹市	亦橘泉	陳琪祥	

657.	吳服、藥、雜貨		新竹市	新泉益（稅額 7,875 円）	陳溪圳	
658.	藥種、酒、賣藥	卸、小	新竹市	福生堂（稅額 6,436 円）	陳福生	
659.	賣藥類似品		新竹市		陳德成	
660.	賣藥	小	新竹市	竹安堂	陳鸞枝	
661.	藥種、硝石		新竹市	（稅額 2,064 円）	章榮基	
662.	賣藥		新竹市	合資會社裕德藥房（資本金 15,000 円）	章錫樹	1923 年
663.	賣藥	小	新竹市	順生堂	傅順南	
664.	米穀、賣藥		新竹市	（稅額 5,160 円）	彭水□	
665.	賣藥	卸	新竹市	彭泉珍參行	彭火旺	
666.	賣藥類似品		新竹市	新亞藥房	彭榮培	
667.	藥種、漢藥種	小	新竹市	遂生堂（稅額 1,548 円）	曾心添	
668.	賣藥漢藥種		新竹市	天生堂藥局	黃天乞	
669.	賣藥	小	新竹市	東泰興（稅額 2,107 円）	黃克忠	
670.	賣藥類似品		新竹市		黃添進	
671.	雜貨（荒物、賣藥）	小	新竹市	（稅額 2,150 円）	黃清塗	
672.	漢藥種	小	新竹市	聯茂	黃棟臣	
673.	藥種；度量衡		新竹市	泰生堂（臺北有店，稅額 19,010 円）；新竹州藥業組合聯合會；新竹州醫藥品小賣商組合；新竹州賣藥、同類似品製造原料配給組合；新竹市藥業組合；新竹州醫療用ゴム製品小賣商組合	新原龍太郎	
674.	藥種		新竹市	新原泰生堂	新原謙相	
675.	藥種		新竹市	生生藥房（稅額 791 円）	楊乞	
676.	賣藥、藥種	小	新竹市	老合昌（稅額 1,505 円）	楊允容	
677.	賣藥類似品		新竹市		楊天壽	
678.	賣藥商	小	新竹市	有田ドラック	楊全	
679.	藥種	卸、小	新竹市	新福春（稅額 15,630 円，電話 241）	楊豆	
680.	賣藥類似品		新竹市	有田ドラック	楊金	

681.	賣藥類似品		新竹市	丸三藥房	楊金座	
682.	賣藥類似品		新竹市		楊清溪	
683.	賣藥類似品		新竹市		楊習榮	
684.	藥種、賣藥	卸、小	新竹市	杏春（稅額 8,786 円）	溫昌成	
685.	漢藥種商	卸	新竹市	杏春池記藥房	溫金池	
686.	賣藥	卸、小	新竹市	杏春湖記	溫金湖	
687.	藥種		新竹市	合資會社杏春藥房（電話 343，稅額 8,620 円）	溫金潭	
688.	賣藥	小	新竹市	元安	溫阿浪	
689.	賣藥（雜貨）	小	新竹市	裕發（稅額 4,558 円）	葉心匏	
690.	賣藥	小	新竹市	（稅額 5,160 円）	載吳獅	
691.	藥種、賣藥（硝石）	卸、小	新竹市	合資會社裕德藥房（稅額 6,604 円）	蔡水保	
692.	漢藥種	小	新竹市	妙春	蔡火龍	
693.	賣藥類似品、漢藥種商	小	新竹市	蔡成基藥房	蔡成基、蔡成枝	
694.	藥種、化妝品、賣藥	小	新竹市	益安（稅額 500 円）	蔡國棟	
695.	賣藥類似品		新竹市		蔡國樑	
696.	藥種		新竹市	（稅額 774 円）	蔡綸	
697.	賣藥	小	新竹市	（稅額 6,794 円）	蔡遠才	
698.	藥種商	小	新竹市	新竹第一藥局	鄭氏塗	
699.	賣藥商	小	新竹市	和春堂	鄭曲全	
700.	藥種、賣藥		新竹市	同春（稅額 2,322 円）	鄭汝潛	
701.	賣藥		新竹市	回生藥房	鄭江忠	
702.	賣藥（雜貨）	小	新竹市	德興（稅額 5,160 円）	鄭扶生	
703.	賣藥	小	新竹市	鎰發（稅額 8,342 円）	鄭金獅	
704.	漢藥種	小	新竹市	元春堂（稅額 1,290）	鄭秋香	
705.	賣藥（雜貨）	卸、小	新竹市	慶記號（稅額 2,838 円）	鄭英馨	
706.	雜貨（菜、賣藥）	小	新竹市	（稅額 6,450 円）	鄭清音	
707.	漢藥種	小	新竹市		橋本方治	
708.	賣藥類似品		新竹市		駱氏飲	
709.	雜貨、賣藥、其他		新竹市	（稅額 5,676 円）	戴吳獅	

710.	賣藥類似品		新竹市		檜垣正人
711.	賣藥	小	新竹市	鴻安	謝森海
712.	藥種、賣藥類似品	小	新竹市	森茂（稅額 2,997 円）	謝森鴻
713.	賣藥類似品		新竹市		謝寬賢
714.	賣藥類似品		新竹市	逢春堂	韓春霖
715.	賣藥（雜貨）	小	新竹市	（稅額 15,480 円）	魏清潭
716.	漢藥種	小	新竹市	杏昌（稅額 989 円）	蘇阿祿
717.	藥種		新竹市	株式會社昭和藥局	蘇惟梁
718.	賣藥類似品		新竹市		鐘心河
719.	藥種		新埔庄	（稅額 1,591 円）	朱阿水
720.	藥種		新埔庄	扶元（稅額 1,376 円）	何阿坑
721.	藥種		新埔庄	（稅額 1,505 円）	吳秀源
722.	雜貨、藥種		新埔庄	（稅額 7,928 円）	張炳坤
723.	藥種		新埔庄	（稅額 602 円）	張翼堂
724.	藥種		新埔庄	（稅額 1,032 円）	陳福龍
725.	藥種		新埔庄	（稅額 516 円）	馮阿富
726.	藥種		新埔庄	成春（稅額 1,075 円）	藍樹輝
727.	藥種		楊梅庄	王鈴德（稅額 1,032 円）	王母
728.	藥種		楊梅庄	義興（稅額 1,000 円）	邱金華
729.	菜田產品、藥種		楊梅庄	（稅額 774 円）	莊友盛
730.	藥種		楊梅庄	保生（稅額 600 円）	廖壬木
731.	藥種		楊梅庄	濟安（稅額 750 円）	葉春松
732.	藥種		楊梅庄	回昌（稅額 900 円）	黃雲騰
733.	藥種		銅鑼庄	（稅額 645 円）	胡集斐
734.	藥種、賣藥		銅鑼庄	（稅額 1,118 円）	李添華
735.	藥種、賣藥		銅鑼庄	（稅額 1,033 円）	李添喜
736.	藥種		橫山庄	理元（稅額 559 円）	盧逢傳
737.	藥種		頭分庄	培元（稅額 645 円）	林啟興
738.	藥種		頭分庄	濟安（稅額 903 円）	羅阿鼎
739.	藥種		頭分庄	捷昌（稅額 2,322 円）	陳阿石
740.	藥種		頭分庄	延壽堂（稅額 688 円）	張鵬祥
741.	藥種、賣藥		頭屋庄	（稅額 1,376 円）	徐梅錦

742.	藥種		頭屋庄	（稅額 860 円）	李石添	
743.	菓物、雜貨、藥種、賣藥		頭屋庄	（稅額 3,282 円）	吳明神	
744.	藥種		龍潭庄	（稅額 774 円）	林仁鐘	
745.	藥種		龍潭庄	益壽（稅額 630 円）	曾雲山	
746.	藥種		龍潭庄	和安（稅額 900 円）	胡水炎	
747.	藥種		龜山庄	杏安（稅額 1,200 円）	鐘存禮	
748.	賣藥		舊港庄	聯昌（稅額 1,031 円）	劉阿樓	
749.	賣藥、煙草		舊港庄	新益（稅額 1,742 円）	劉慶堂	
750.	藥種		關西庄	（稅額 602 円）	周朝皇	
751.	藥種		關西庄	福壽堂（稅額 2,408 円）	蔡金鎮	
752.	藥種		關西庄	（稅額 602 円）	吳竹安	
753.	藥種		關西庄	（稅額 688 円）	范阿漢	
754.	藥種		關西庄	（稅額 516 円）	曾錦富	
755.	賣藥兼行商		關西庄	成昌（稅額 1,853 円）	羅慶春	
756.	藥種		寶山庄	（稅額 860 円）	古承旺	
757.	米、藥種		蘆竹庄	和安（稅額 900 円）	童貴春	
758.	藥種	卸、小	清水街	裕發（稅額 3,354 円）	陳玉吉	
759.	藥種	小	清水街	玉崇裕（稅額 3,010 円）	陳玉物	
760.	藥種	小	清水街	豐美（稅額 3,180 円）	蔡灶	
761.	藥種	小	清水街	竹文堂（稅額 2,924 円）	蔡水性	
762.	藥種	小	清水街	建春堂（稅額 11,064 円）	蔡敏庭	
763.	藥種	小	清水街	泉利（稅額 92,380 円）	黃欽	
764.	藥種、雜貨（賣藥）	卸、小	清水街	陳源發（稅額 4,660 円）	陳生	
765.	藥種	卸、小	埔里街	王慶隆（稅額 4,380 円）	王乞食	
766.	藥種	小	埔里街	（稅額 3,870 円）	□江昇	
767.	藥種	卸、小	埔里街	（稅額 5,674 円）	四倉多吉	
768.	藥種	小	埔里街	（稅額 3,254 円）	富江傳之助	
769.	藥種	卸、小	豐原街	老義昌（稅額 10,790 円）	賴清泉	
770.	藥種	卸、小	豐原街	老福春（稅額 14,194 円）	魏森	
771.	藥種	卸、小	豐原街	源福春（稅額 7,284 円）	魏永	
772.	藥種	卸、小	豐原街	義昌（稅額 15,260 円）	劉井	
773.	藥種	小	豐原街	保和（稅額 2,580 円）	劉水木	

774.	藥種	小	豐原街	乾元（稅額 2,580 円）	蘇醜	
775.	藥種	小	豐原街	復安堂(稅額 2,924 円）	林阿祿	
776.	藥種	卸、小	員林街	德壽堂(稅額 5,578 円）	李俊啟	
777.	藥種	小	員林街	贊成（稅額 5,160 円）	邱榜	
778.	藥種	小	員林街	震利源(稅額 7,740 円）	陳宇	
779.	藥種	卸、小	員林街	順安堂(稅額 8,238 円）	黃瑞	
780.	藥種	小	員林街	益壽（稅額 4,128 円）	黃懷德	
781.	藥種	卸	員林街	福最美(稅額 14,040 円）	謝屋	
782.	藥種	卸	員林街	協源（稅額 24,690 円）	謝媽壽	
783.	藥種	卸	員林街	（稅額 3,600 円）	謝德清	
784.	賣藥、雜貨		大甲街	勝安（稅額 6,880 円）	柯水榮	
785.	藥（雜貨）	小	大甲街	金興順（稅額 8,600 円）	張棕	
786.	藥（雜貨）	小	大甲街	金興發（稅額 3,182 円）	黃清吉	
787.	藥種（雜貨）	卸、小	梧棲街	老成（稅額 18,600 円）	林朝榜	
788.	藥種、賣膏		田中庄	隆德泰(稅額 13,592 円）	李貴泉	
789.	藥種	卸、小	臺中市	株式會社景星大藥房（稅額 4,670 円，電話 640）		
790.	藥品	卸、小	臺中市	十字堂藥局(電話 359)	下野正雄	1934 年
791.	賣藥	卸、小	臺中市	三輪三松堂	小板レイ	
792.	藥種	小	臺中市	中川商店（稅額 2,580 円，電話 605）	中川勘造	
793.	藥種	卸	臺中市	マスニヤ商店（稅額 8,640 円，電話 1051）	永松菊次	
794.	藥種（雜貨）	卸、小	臺中市	金永裕（稅額 16,260 円）	玉實金	
795.	藥種、賣藥	卸、小	臺中市	寶生堂、田中利弘藥房（稅額 39,875 円，電話 1009、154、184）	田中利弘	1925 年
796.	藥品	卸、小	臺中市	有田ドラツク	吉本繁	
797.	藥品	卸、小	臺中市	柴田藥房（電話 474）	吉田滿	1924 年
798.	藥種、酒	小	臺中市	（稅額 10,406 円）	吉岡哲郎	
799.	藥品	卸、小	臺中市	羽田商店（電話 377）	羽田進一	1924 年
800.	藥種、賣藥	卸、小	臺中市	佐川生生堂（稅額 8,460 円，電話 425）	佐川外喜男	

801.	賣藥、藥種	卸、小	臺中市	佐藤濟生藥房（稅額 4,128 円，電話 259）	佐藤重利	
802.	藥種	卸、小	臺中市	義成商會（稅額 6,998 円）	吳友成	
803.	藥品	卸、小	臺中市	株式會社中西藥研究社（電話 782）	吳場	1930 年
804.	藥品	卸、小	臺中市	贊安商會	吳福科	1926 年
805.	藥種	卸、小	臺中市	榮豐（稅額 14,200 円）	呂才	
806.	藥品	卸、小	臺中市	保生藥局（電話 1086）	李天生	1930 年
807.	藥種、賣藥	卸、小	臺中市	中央藥房（稅額 13,000 円）	李榮發	
808.	藥品	製、卸	臺中市	臺中漢藥種商組合西漢醫院	林天定	1930 年
809.	藥種	卸、小	臺中市	松岡商行（稅額 2,260，電話 322）	松岡興吉	
810.	藥品	卸、小	臺中市	天龍寺（電話 663）	松鶴妙明	1911 年
811.	藥種、小間物（金物）	卸、小	臺中市	（稅額 16,480 円，電話 217）	河村清	
812.	藥品	卸、小	臺中市	近田藥局（電話 440）	近田タネ	
813.	賣藥	卸、小	臺中市	（電話 1025）	青野トイ	1926 年
814.	賣藥	卸、小	臺中市	前田回春堂（電話 26）	前田八十松	
815.	藥種、賣藥、藥品	卸、小	臺中市	中興藥行（稅額 8,442 円）	姚榮	
816.	藥種（雜貨）	卸、小	臺中市	柯廣川商店（稅額 14,700 円）	柯謀	
817.	藥種、藥品、賣藥、雜貨	卸、小	臺中市	恒合發商會（稅額 8,418 円）	洪烏靖	1923 年
818.	藥品	卸、小	臺中市	栗原藥局	栗原哲三	1937 年
819.	藥品	卸、小	臺中市	栗原回生堂（電話 2511）	栗原儀一、栗原大造	1925 年
820.	藥種、雜貨		臺中市	協安堂（稅額 8,944 円）	張草	
821.	藥品	卸、小	臺中市	中央藥局（電話 1154）	許恩賞、李榮發	
822.	賣藥		臺中市	源興大效堂製藥工場（有一臺馬力數二的原動機）	許恩賜	1926 年

823.	藥品、藥種、賣藥	卸、小	臺中市	源興大效堂（稅額 6,180 円，電話 757）	許恩賜	1924 年
824.	人蔘、布		臺中市	昌記商行（稅額 9,270 円）	郭秀昌	
825.	藥品、藥種、藥材	卸、小	臺中市	郭美源（稅額 5,364 円）	郭秀進	
826.	藥種	卸	臺中市	（稅額 9,702 円）	郭星星	
827.	賣藥		臺中市	（稅額 6,120 円）	郭若餘	
828.	小間物（藥材）	卸、小	臺中市	元振泰（稅額 8,076 円）	郭嵩鄉	
829.	藥種、賣藥	卸	臺中市	（稅額 20,304 円）	郭慶森	
830.	藥種	小	臺中市	（稅額 3,000 円）	郭騫	
831.	藥品	卸、小	臺中市	富島藥房（電話 704）	富島俊曉	1932 年
832.	賣藥	製	臺中市	月藥局（電話 426）	曾茂己	
833.	賣藥、藥種	卸、小	臺中市	仁壽（稅額 2,064 円）	黃田羊	1934 年
834.	藥種、藥品	卸、小	臺中市	黃金記參莊（稅額 4,530 円）	黃斧顯、黃金顯	
835.	藥品		臺中市	臺中漢藥種商組合太和堂	黃登高	1930 年
836.	藥品	卸、小	臺中市	華成藥鋪（電話 1187）	楊來承	1934 年
837.	賣藥	卸、小	臺中市	莊明漠參莊	廖文珍	1926 年
838.	藥品	卸、小	臺中市	大效堂（電話 457）	廖木水	
839.	藥品	卸、小	臺中市	特效堂藥鋪（電話 1148）	趙金龍	1926 年
840.	藥種	小	臺中市	東安（稅額 4,300 円）	劉東周	
841.	藥品	卸、小	臺中市	恭英商會	劉德福	
842.	藥種、賣藥、古著	卸、小	臺中市	全安堂藥房（稅額 10,994 円，電話 305、484）	盧安	1906 年
843.	賣藥	卸、小	臺中市		盧阿亨	
844.	藥種（雜貨）	卸、小	臺中市	仁勝（稅額 11,400 円）	賴坤炎	
845.	藥種	小	臺中市	瑞昌堂（稅額 4,300 円）	賴接成	
846.	賣藥		臺中市	（稅額 9,890 円）	賴壽	
847.	藥品	製、卸	臺中市	共榮製藥株式會社（電話 1248）	賴榮祥	
848.	藥種、賣藥、藥品	卸、小	臺中市	西漢公司（稅額 8,460 円）	謝其川	
849.	賣藥	卸、小	臺中市		謝金元	

850.	藥種、賣藥	卸	臺中市	恒古（右）（稅額 9,200 円）	簡清氏流	
851.	藥種、賣藥、藥品、保險代理	卸、小	臺中市	丸三藥房（稅額 34,100 円，電話 13、1166）	藤井一康、藤井康三	1896 年
852.	藥品	卸、小	臺中市	坂井田商店（電話 207）	坂井田政次郎	1918 年
853.	藥品	卸、小	臺中市	畑秀藥房（電話 1184）	畑秀三郎	
854.	藥種	卸、小	彰化市	濟生堂（稅額 2,876 円）	山岸龜松	
855.	藥種	卸、小	彰化市	謙德堂	王和三	1927 年
856.	賣藥	小	彰化市	益生堂	王炎	
857.	藥種	小	彰化市	德和	王芸	1931 年
858.	賣藥	卸、小	彰化市	明星堂	王施氏治	1935 年
859.	賣藥	小	彰化市	協興	王春森	
860.	藥種、賣藥	製卸小	彰化市	王德安藥店	王烏慈	1904 年
861.	藥種	小	彰化市	金宏泰	王變	1899 年
862.	賣藥	卸、小	彰化市	永安堂	江田泰	1934 年
863.	藥種	小	彰化市	全安	吳大頭	1932 年
864.	賣藥	製卸小	彰化市	延齡堂藥房	吳東璧	1932 年
865.	藥種	卸	彰化市	元益商店（稅額 7,956 円）	吳龍田	
866.	賣藥	製卸小	彰化市	春記大藥房（電話 34）	李君旺	1925 年
867.	藥種、賣藥	卸、小	彰化市	福壽堂	李阿土	1934 年
868.	賣藥	小	彰化市	春汪藥房	李春汪、李梁氏萍	
869.	藥種	卸、小	彰化市	春記大藥房（稅額 18,286 円，電話 34）	李崇禮、李崇複	1907 年
870.	賣藥	製、卸	彰化市	中央藥房、彰化賣藥業組合（電話 248）	李榮輝	1925 年
871.	人參	小	彰化市	李金燦蔘業出張所	李際會	
872.	藥種	卸、小	彰化市	和春	李輝煌	1916 年
873.	藥種	小	彰化市	順安	李爐	1916 年
874.	藥種、賣藥	製卸小	彰化市	泰昌、永安堂	杜有陷	1911 年
875.	賣藥	小	彰化市	大安堂藥房	阮□煥	
876.	藥種	小	彰化市	若東居（稅額 3,612 円）	阮榮輝	
877.	賣藥	製、販	彰化市	博濟堂	周芳	1933 年

878.	藥種、賣藥	製卸小	彰化市		周炮	1927 年
879.	藥種	小	彰化市	存仁藥房（公司）	林九	1932 年
880.	藥種	小	彰化市	慶春	林子良	1927 年
881.	賣藥	製卸小	彰化市	福星藥房（電話 208）	林阿福	1929 年
882.	賣藥	小	彰化市	林泉藥房	林泉	
883.	藥種	小	彰化市	慶安	林海隆	1918 年
884.	漢藥	小	彰化市	裕源商行	林海龍	
885.	賣藥	小	彰化市	春陽堂藥房	林浴水	
886.	藥種	卸、小	彰化市	西村堂（稅額 6,210 円，電話 143）	林漢水	
887.	藥種	卸、小	彰化市	致中和（合資會社，資本金 4,000 圓）	林樹生	1917 年
888.	漢藥	小	彰化市	泰和藥房	花錦享	
889.	賣藥	小	彰化市	東源藥房（電話 513）	邱銀炎	
890.	漢藥	小	彰化市	大正新藥房、彰化市藥種商組合（電話 258）	邱黎	
891.	藥種	小	彰化市	壽春	姚城、楊三	1877 年
892.	藥種	卸、小	彰化市	榮泰	姚貽謙	1907 年
893.	藥種	小	彰化市	中山漢藥部	施宗立	1932 年
894.	賣藥	小	彰化市		施順仕	1930 年
895.	賣藥	卸、小	彰化市	（稅額 3,440 円）	洪水	1902 年
896.	賣藥	製	彰化市	旭國民堂藥房（合資會社，資本金 3,000 圓）	洪阿九	
897.	藥種	小	彰化市	德壽（公司）	洪萬成	1930 年
898.	藥種、賣藥	小	彰化市	錦春堂	范榮華	1904 年
899.	賣藥	製卸小	彰化市	唐氏大藥房	唐獅	1926 年
900.	藥種、賣藥	卸、小	彰化市	博愛堂（稅額 2,982 円，電話 30）	針原幸次郎	1896 年
901.	賣藥	小	彰化市		張才	1930 年
902.	藥種	卸、小	彰化市	福泉興（稅額 7,160 円）	張金盾	
903.	藥種	小	彰化市		張金富	1932 年
904.	藥種、賣藥	卸、小	彰化市	中西藥房（合資會社，資本金 21,000 圓，電話 17）	張雙生	1921 年

905.	藥種	卸、小	彰化市	合益利（稅額 10,400 円）	莊永	
906.	賣藥	小	彰化市		許耀吉	1934 年
907.	藥種	小	彰化市	保安	連炎	1913 年
908.	藥種、賣藥	小	彰化市	合元昌	陳木火	1930 年
909.	藥種、賣藥	卸、小	彰化市	三光堂（電話 246）	陳木火	1914 年
910.	賣藥	小	彰化市	三光堂藥房	陳木炎	
911.	賣藥	卸、小	彰化市	愛壽堂	陳氏崩	1923 年
912.	藥種	卸、小	彰化市	裕興（公司）	陳火周	1927 年
913.	賣藥	製卸小	彰化市	勝全	陳火炭	1918 年
914.	藥種	卸、小	彰化市	瑛世堂（稅額 2,400 円）	陳英輝	
915.	藥種	製卸小	彰化市	勝安堂	陳海	1923 年
916.	藥種	製卸小	彰化市	長安	陳貴山	1932 年
917.	藥種、賣藥、漢藥	製卸小	彰化市	瑛世堂合資會社（合資會社，資本金 4,000 圓）、瑛世堂藥房	陳瑛輝、陳巫瓊三郎	1931 年
918.	藥種	卸、小	彰化市	隆安（稅額 13,080 円）	陳德星	
919.	藥種	小	彰化市	德和	陳樹	1907 年
920.	藥種	小	彰化市	益壽	黃玉崑	1897 年
921.	賣藥	小	彰化市		黃來	1923 年
922.	賣藥	小	彰化市	回安堂藥房	黃怡安	
923.	藥種、賣藥	卸	彰化市	健元公司	黃海	1934 年
924.	藥種、賣藥	小	彰化市	彰化藥局	黃高氏碧桃	1930 年
925.	賣藥	小	彰化市		楊炎	1932 年
926.	藥種	製卸小	彰化市	再春堂	楊塗龍	1914 年
927.	賣藥	小	彰化市	四知堂藥房	楊福川	
928.	賣藥	小	彰化市		葉俊	1932 年
929.	賣藥	小	彰化市	中德大藥房	葉朝水	1913 年
930.	藥種	小	彰化市	春成	詹春火	1929 年
931.	賣藥	卸	彰化市	神聖堂藥房	廖天龍	1932 年
932.	賣藥	製卸小	彰化市	宇記大藥房（振替番號 1557）	潘氏慈美	1913 年
933.	賣藥	小	彰化市	榮泰藥行（電話 549）	蔣變	
934.	藥種	小	彰化市	仁在	鄭陽春、鄭陽泰	1929 年

935.	藥種、賣藥	小	彰化市	春安	蕭清泥	1922 年
936.	賣藥	小	彰化市	泰益	謝得旺	1915 年
937.	漢藥	小	彰化市	長桑	謝顏氏賽霜	
938.	藥種	小	彰化市	小島屋（稅額 5,160 円，電話 137）	瀨川繁史	
939.	漢藥	小	彰化市	回春堂	蘇帝典	
940.	藥種、雜貨	卸	鹿港街	福興（稅額 3,268 円）	王傳生、玉傳吉	
941.	藥種	卸	鹿港街	享記（稅額 3,133 円）	朱國瓊	
942.	雜貨（煙草、藥）	卸、小	鹿港街	金成安（稅額 6,118 円）	李平	
943.	藥種	卸、小	鹿港街	陽春（稅額 2,792 円）	林建元	
944.	藥種	小	鹿港街	施勝德（稅額 4,730 円）	施勝學	
945.	藥種、雜貨（煙草）	卸、小	鹿港街	崑園（團）（稅額 5,762 円）	施彌賜	
946.	藥種	卸	鹿港街	泉源（稅額 3,060 円）	許註	
947.	藥種	小	鹿港街	勝吉（稅額 2,756 円）	陳傳	
948.	藥種	卸、小	鹿港街	聯昌棧（稅額 6,108 円）	黃欽耀	
949.	藥種(度量衡)	小	南斗街	（稅額 5,719 円，電話 111）	鈴木胤吉	
950.	藥種（雜貨）	小	南斗街	南投商會（稅額 12,040 円，電話 8）	金子繁三郎	
951.	藥種	小	南斗街	（稅額 268 円）	簡糖	
952.	藥種	小	南斗街	泰生（稅額 2,537 円）	林濱	
953.	藥種（雜貨）	卸、小	南斗街	振益（稅額 6,558 円）	簡振和	
954.	藥種（雜貨）	小	南斗街	長美（稅額 6,150 円）	羅東芳	
955.	藥種（雜貨）	小	南斗街	連興號（稅額 7,998 円）	張清景	
956.	藥種（雜貨）	小	南斗街	東昌（稅額 3,440 円）	林木	
957.	藥種（雜貨、米）	小	南斗街	合和（稅額 6,020 円）	張水源	
958.	藥種	小	北斗街	源和（稅額 3,612 円）	陳清江	
959.	藥種	小	北斗街	連合（稅額 3,870 円）	楊枝	
960.	藥種	小	北斗街	福崑泰（稅額 5,160 円）	謝德旺	
961.	藥種	小	北斗街	復泰源（稅額 5,160 円）	黃胡	
962.	藥種	小	北斗街	（稅額 3,440 円）	黃傳	
963.	藥種	小	北斗街	（稅額 8,600 円）	謝讚	

964.	藥粉	製、小	臺南市	老英記商行		
965.	漢藥品	小	臺南市	回春		
966.	藥種、藥品、度量衡器、計量器	卸、小	臺南市	養元堂（電話 43、591）	三輪リヨウ	
967.	藥種（漢藥品）	小	臺南市	德春（稅額 4,000 円）	上官陳氏桃紅	
968.	藥類	卸、小	臺南市	森田屋（稅額 2,370 円）	小林德太郎	
969.	藥種（藥品、化妝品）	小	臺南市	中村藥房（電話 989）	中村東助	
970.	藥種	小	臺南市	愛壽堂（稅額 2,080 円，電話 507）	中島五平、中島武幸	
971.	藥種	卸、小	臺南市	今中藥局、今中愛世堂（稅額 4,428 円，電話 182）	今中和一郎	
972.	藥種	小	臺南市	金榮	方天賜	
973.	藥品	卸、小	臺南市	安仁堂藥房（電話 302）；振替口座三和、商工銀行 361	方清隆	
974.	藥種	小	臺南市	安仁堂（電話 302）	方清溪	
975.	賣藥	小	臺南市	採芳（稅額 2,160 円）	方錦彩	
976.	藥類	小	臺南市	愛善堂（稅額 3,620 円，電話 455）	木原榮藏	
977.	藥種	卸、小	臺南市	桂林（稅額 3,200 円）	王生淋	
978.	朝鮮人蔘	卸、小	臺南市	捷興蔘莊（稅額 6,350 円，電話 208）	王在根	
979.	藥種	小	臺南市	萬鎰	王富	
980.	藥種	小	臺南市	仁和堂	王萬發	
981.	藥種	小	臺南市	長春	王興	
982.	賣藥、牛乳	小	臺南市	（稅額 5,280 円，電話 779）	世古政行	
983.	藥種	卸、小	臺南市	富國堂（稅額 4,780 円，電話 204）	加藤民之丞	
984.	藥種	小	臺南市	平野藥房（電話 209）	平野嘉太郎	
985.	藥種、藥品、計量器、酒、煙草	小	臺南市	山陽堂（電話 153）；取引銀行三和銀行	田淵蕃	
986.	藥品、醫療機械	卸、小	臺南市	榮安堂藥房（電話 265）；振替口座 492	白井一	

987.	藥品、荒物、文具、酒、煙草	小	臺南市	多賀商店（稅額 2,720円，電話 210）	多賀秀助	
988.	藥類、理化學器	卸、小	臺南市	竹中商店（稅額 11,920円，電話 137）	竹中源作	
989.	藥種、藥品	小	臺南市	三省堂（稅額 6,430 円，電話 688、686）；振替口座三和銀行 950	佐野壽三郎	
990.	小間物（賣藥、寫真器）	卸、小	臺南市	佐藤小西堂（稅額 3,485円）	佐藤鍵次郎	
991.	賣藥、藥種（漢藥品）	小	臺南市	松春藥房（稅額 4,800円）	余宜松	
992.	藥種（漢藥品）	小	臺南市	順記；金自成	吳丁烈	
993.	藥種	小	臺南市	榮安堂藥房（電話 42）	吳永授	
994.	藥種	卸、小	臺南市	益勝（稅額 25,640 円，電話 595）	吳昌	
995.	藥種（目藥其他）	製	臺南市	天恩堂	吳林氏幫	
996.	藥種	卸、小	臺南市	道生堂（稅額 29,900 円，電話 482）	吳炳清	
997.	藥種（藥品、醫療機械）	製卸小	臺南市	榮安堂藥房（稅額 3,990円，電話 265）	吳純仁	
998.	藥種	製	臺南市	慈生堂	吳國昭	
999.	藥種	小	臺南市	昭和藥房（電話 865）	吳欽煌	
1000.	藥種	卸、小	臺南市	神農堂藥房（稅額 5,590円，電話 374）	吳榮彬	
1001.	賣藥、藥種	卸、小	臺南市	區臣氏（稅額 3,476円）	李俊黨	
1002.	藥種	小	臺南市	金自成	李風	
1003.	藥種	小	臺南市	合安堂	李會川	
1004.	藥種（工業原料品、內外藥品）		臺南市	東光株式會社臺南出張所	村田萬壽吉	
1005.	藥種	小	臺南市	綿昌	杜李綿	
1006.	藥種、化妝品、藥品、清涼飲料水、酒、煙草、度量衡器	卸、小	臺南市	愛國堂（稅額 59,600 円，電話 251、337、994）；振替口座商工銀行 321	角谷力男	
1007.	藥種	製	臺南市	回陽堂（電話 416）	岩谷隆智	

1008.	藥種	卸、小	臺南市	南生公司	林少衡	
1009.	藥種	製	臺南市	保生堂	林文朝	
1010.	藥種	小	臺南市	南春	林老賽	
1011.	藥種	小	臺南市	和益堂	林東來	
1012.	藥種	小	臺南市	濟美堂	林芳	
1013.	藥種、藥品、化妝品、寫真機	卸、小	臺南市	林藥局（電話 773、1102）；振替座號臺灣銀行 699	林虎三	
1014.	藥種	卸、小	臺南市	東昌（稅額 13,379 円）	林長振、林竹園	
1015.	藥種	小	臺南市	長生	林阿龍	
1016.	藥種	小	臺南市	逢泰	林奎膏	
1017.	藥種	小	臺南市	東春	林朝韞	
1018.	藥類	小	臺南市	育德（稅額 2,400 円）	林黃氏干	
1019.	藥種	小	臺南市	存古	林嘯瀛	
1020.	藥種	小	臺南市	德源	林澄源	
1021.	賣藥	卸、小	臺南市	安全堂（稅額 16,420 円，電話 23）	河內萬次郎	
1022.	藥種	小	臺南市	愛國堂藥局(電話 992)	河本耍	
1023.	藥種	製	臺南市	南陽堂	金南	
1024.	藥種	製	臺南市	姚濟昌	姚冥春	
1025.	藥種	製	臺南市	慈德堂	施闊口	
1026.	藥種	卸、小	臺南市	振尚儀（稅額 2,740 円）	柯成名	
1027.	藥種	小	臺南市	遠仁堂	洪比	
1028.	藥種、藥品、計量器	小	臺南市	存仁藥房（電話 1181）	洪旺麟	
1029.	藥種(漢藥品)	卸、小	臺南市	永安、永裕隆（稅額 17,480 円）	洪炳昌	
1030.	藥種	小	臺南市	參年堂（電話 141）	津川福一	
1031.	藥種（藥品、化妝品）	卸、小	臺南市	回生堂（電話 920）；振替座號 5727	孫金寬	
1032.	藥種	卸、小	臺南市	義和鴻記（稅額 5,411 円，電話 759）	孫寶霖	
1033.	藥種(漢藥品)	製卸小	臺南市	建昌、海上堂	徐戀彬	
1034.	藥種、藥品、化妝品	卸、小	臺南市	合名會社浦田豐國堂（電話 196）	浦田勘吉	

1035.	藥種	製	臺南市	廣愛堂	馬明進	
1036.	藥種、賣藥類似品	小	臺南市	存古堂（稅額 2,880 円）	高松根	
1037.	藥種、藥品、酒、煙草、度量衡器	卸、小	臺南市	愛生堂（稅額 25,766 円，電話 29、915）；振替座號 29	高島鈴三郎	
1038.	藥種	小	臺南市	高橋次高堂（電話 834）	高橋教範	
1039.	藥種	製	臺南市	仁愛堂	高燦榮	
1040.	藥種（雜貨）	小	臺南市	玉成（稅額 3,800 円）	高讚成	
1041.	藥種	小	臺南市	博愛堂（稅額 5,350 円，電話 98）	乾市太郎	
1042.	藥種（漢藥品）	卸、小	臺南市	展南藥行（稅額 6,290 円，電話 818）、南興藥材公司	康再成	
1043.	藥種、賣藥	卸、小	臺南市	存養堂（稅額 5,750 円，電話 246）、延壽堂（電話 971）	張池	
1044.	漢藥品	卸、小	臺南市	延壽堂藥房	張春興	
1045.	藥種	小	臺南市	延年堂	張清江	
1046.	藥種（朝鮮人蔘）	卸、小	臺南市	捷裕參莊（稅額 4,039 円）	張進貴	
1047.	藥種	小	臺南市	養生堂	莊賞	
1048.	藥種、賣藥	小	臺南市	吉安（稅額 2,240 円）	許乞	
1049.	藥種（藥品）	小	臺南市	道安堂（電話 482）	許奢	
1050.	藥種	小	臺南市	育德	連財	
1051.	藥種	小	臺南市	協心堂（稅額 2,050 円）	郭塗	
1052.	藥種	小	臺南市	協瑞興	郭磚	
1053.	藥種	製	臺南市	長水	郭蕃薯	
1054.	藥種	卸、小	臺南市	清安（稅額 3,440 円）	陳永諧	
1055.	藥種（漢藥品）	小	臺南市	南生、義乾泰	陳玉榮	
1056.	藥種、賣藥	小	臺南市	新隆源（稅額 2,280 円）	陳老	
1057.	藥種	小	臺南市	長庚堂	陳庚	
1058.	漢藥品	卸、小	臺南市	德昌公司；取引銀行臺灣銀行	陳退	
1059.	賣藥	小	臺南市	逢生堂（稅額 2,000 円）	陳陣	
1060.	藥種	小	臺南市	成春堂	陳貯	
1061.	藥種	小	臺南市	廣陽春（稅額 2,800 円）	陳裕添	

1062.	藥種	小	臺南市	元益	陳嶺	
1063.	小間物(賣藥、白米)	小	臺南市	恒吉（稅額 5,200 元）	陳織雪	
1064.	藥種	小	臺南市	小西堂（電話 549）	富田彥太郎	
1065.	藥種、賣藥	卸、小	臺南市	萃芳園、萍芳園（稅額 2,400 円）、南興行（稅額 11,220 円）	曾古井	
1066.	藥種(漢藥品)	小	臺南市	仁育堂（稅額 2,160 円）	曾麟	
1067.	藥種	小	臺南市	日本第一藥館（電話 490）	渡邊秀雄	
1068.	賣藥	卸	臺南市	越智商店（稅額 64,366 円，電話 39）	越智寅一	
1069.	藥種(漢藥品)	小	臺南市	逢茂堂	黃土炭	
1070.	賣藥類似品	小	臺南市	黃成利（稅額 2,400 円）	黃大頭	
1071.	藥種	卸、小	臺南市	德興（稅額 12,360 円）	黃子培	
1072.	藥種	小	臺南市	仁榮藥房（電話 302）	黃仁榮	
1073.	藥種(漢藥品)	小	臺南市	保安堂	黃天賜	
1074.	藥種	製	臺南市	養生堂	黃文章	
1075.	藥種	小	臺南市	慶昌	黃丙寅	
1076.	藥種	小	臺南市	信生堂	黃帆	
1077.	藥種	小	臺南市	有德堂	黃有為	
1078.	藥種(漢藥品)	卸、小	臺南市	金合源（稅額 10,189 円，電話 731）	黃欣	
1079.	藥種	小	臺南市	永和堂	黃金龍	
1080.	藥種	小	臺南市	生春堂	黃泉	
1081.	賣藥、藥種	卸	臺南市	合源（稅額 14,705 円）	黃國棟	
1082.	藥種	小	臺南市	（稅額 3,040 円）	黃得祿	
1083.	藥種	卸、小	臺南市	成記行	黃根	
1084.	日用雜貨（藥種）	卸、小	臺南市	祥利（稅額 5,470 円）	黃煌	
1085.	藥種	小	臺南市	信記	黃蓬藤	
1086.	藥種	小	臺南市	信安	楊丁助	
1087.	藥種	小	臺南市	益生堂	楊老壽	
1088.	藥種	製	臺南市	義乾泰	葉氏梅	
1089.	藥種	小	臺南市	益春	葉秋初	

1090.	藥種	卸	臺南市	老嘆記（稅額 3,740 円）	葉陽德	
1091.	藥種	小	臺南市	得恩堂	廖恩助	
1092.	藥種	小	臺南市	保正堂（電話 847）	福島保正	
1093.	藥種	小	臺南市	養生安神堂	趙送	
1094.	藥種	小	臺南市	回春	歐哲祥	
1095.	賣藥	小	臺南市	謙順（稅額 2,160 円）	歐國	
1096.	藥種	小	臺南市	復興（稅額 4,800 円）	潘清欽	
1097.	藥種（漢藥品、苧麻服地）	小	臺南市	錦榮玉	蔡井	
1098.	藥種	小	臺南市	樹進堂	蔡甲寅	
1099.	藥種	小	臺南市	金瑞和（稅額 2,800 円）	蔡長庚、蔡鉗	
1100.	藥種	小	臺南市	協興堂	蔡添福	
1101.	藥種	小	臺南市	廣生堂	蔡臍	
1102.	藥種	小	臺南市	逢源棧	鄭安瀾	
1103.	藥種	小	臺南市	成發（稅額 4,000 円）	鄭成	
1104.	漢藥品	卸、小	臺南市	和豐公司	鄭張氏怨	
1105.	藥種	小	臺南市	共存堂	盧水慶	
1106.	藥種	小	臺南市	芳草園	蕭河	
1107.	藥種（漢藥品）、賣藥	卸、小	臺南市	順記（稅額 13,161 円，電話 205）	駱葆芝	
1108.	藥種	小	臺南市	金聯源	顏芽	
1109.	賣藥、藥種	卸	臺南市	南昌藥行（稅額 6,205 円）	顏基	
1110.	賣藥、藥種	卸、小	臺南市	春成藥行（稅額 18,190 円）	顏頭	
1111.	藥種	小	臺南市	桂林堂	魏三順	
1112.	藥種	小	臺南市	茂源	魏迺坤	
1113.	藥種	小	臺南市	育元居	魏德	
1114.	藥種	小	臺南市	藤本藥局（電話 213）	藤木長平	
1115.	藥種（漢藥品）	卸、小	臺南市	錦昌藥行（電話 1030）	蘇火樹	
1116.	藥種	小	臺南市	存仁堂	蘇聖	
1117.	藥種	製	臺南市	鷹取養巴堂	鷹取保	
1118.	藥種		嘉義市	丸三藥房（電話 14、15）		1908 年
1119.	其他賣藥		嘉義市	振安堂		

1120.	賣藥	小	嘉義市	（稅額 3,600 円）	大江彥一	
1121.	藥種		嘉義市	松崎藥局（電話 157）	山本精一	1928 年
1122.	漢藥		嘉義市	四方	王添福	1929 年
1123.	藥種		嘉義市	恒川神效堂（電話 903）	王騰飛	1924 年
1124.	藥種、度量衡	卸、小	嘉義市	白井藥局（稅額 11,499 円，電話 1）	白井一	
1125.	藥種、賣藥	卸、小	嘉義市	王豐（稅額 9,394 円）	朱碧蘭	
1126.	漢藥		嘉義市	德美	江坤結	1934 年
1127.	藥種	卸、小	嘉義市	（稅額 5,120 円）	竹本留吉	
1128.	漢藥		嘉義市	保和堂	何寄生	1911 年
1129.	藥種、蕃薯簽、米	小	嘉義市	延壽堂（稅額 2,800 円）	何德元	
1130.	漢藥		嘉義市	壽生	余淮	1920 年
1131.	漢藥		嘉義市	萬福堂	吳杉	1903 年
1132.	漢藥		嘉義市	仁安	吳海	1916 年
1133.	漢藥、藥種	卸	嘉義市	協榮、鴻合（稅額 8,024 円）	吳鴻泉	1931 年
1134.	漢藥		嘉義市	豐盛、嘉義市漢藥種商組合（電話 1107）	李文彬	1903 年
1135.	漢藥		嘉義市	德昌	李石	
1136.	漢藥、藥種	卸、小	嘉義市	大正、北記（稅額 4,185 円）	李府	1917 年
1137.	漢藥		嘉義市		李振聖	
1138.	漢藥		嘉義市	益芳	李特三	1915 年
1139.	其他賣藥		嘉義市	有田ドラツグ	李順興	1932 年
1140.	漢藥		嘉義市	德昌號	李鎮江	
1141.	其他賣藥		嘉義市	大和商會	李鎮賓	1930 年
1142.	漢藥		嘉義市	同德	林汝南	
1143.	賣藥	卸、小	嘉義市	合和（稅額 8,470 円）	林老	
1144.	漢藥		嘉義市	益壽	林金福	1912 年
1145.	漢藥		嘉義市	保德	林高	1931 年
1146.	漢藥		嘉義市	樹山堂	林朝順	
1147.	漢藥		嘉義市	當與	林煥	1934 年
1148.	漢藥		嘉義市	杏春	林羅漢	1913 年

1149.	藥種		嘉義市	白井藥局、嘉義藥業組合（電話 357）	松崎寅三郎	1908 年
1150.	藥種	卸、小	嘉義市	松原商店（稅額 2,415 円，電話 734）	河野民治	
1151.	漢藥		嘉義市	仁和堂	洪有德	1903 年
1152.	漢藥		嘉義市	益奉	洪雨童	1918 年
1153.	藥種		嘉義市	新同昌藥房（電話 636）	洪珍	1917 年
1154.	其他賣藥		嘉義市	興元商會	紀全	1928 年
1155.	藥種		嘉義市	泰西商會（電話 843）	恒川よね	1918 年
1156.	藥種	卸、小	嘉義市	丸三藥局（電話 703）、養生堂（稅額 8,104 円，電話 56）	島田勘造	1933 年
1157.	藥種	卸、小	嘉義市	榮豐（稅額 3,240 円）	翁壬癸	
1158.	漢藥		嘉義市	金成利	翁吳生	1920 年
1159.	漢藥		嘉義市	イチニ藥館支店	翁金灶	1914 年
1160.	藥種	卸、小	嘉義市	翁源豐（稅額 3,340 円）	翁乾益	
1161.	漢藥		嘉義市	德春	軒轅緒家	
1162.	藥種	小	嘉義市	仁和堂（稅額 2,000 円）	涂淮	
1163.	雜貨、藥種	小	嘉義市	（稅額 3,960 円，電話 1238、338）	常久德太郎	
1164.	漢藥		嘉義市	妙春堂本店	張子貞	1912 年
1165.	漢藥		嘉義市	德美藥行（電話 908）	張木生	1906 年
1166.	漢藥		嘉義市	輔生堂	張坤劍	1913 年
1167.	漢藥		嘉義市	市民	張茂澤	1935 年
1168.	漢藥		嘉義市	敬神堂（電話 1047）	張振德	1917 年
1169.	藥種、賣藥、果物	小	嘉義市	養生堂藥鋪（電話 56）、新同昌商店（稅額 4,000 円，電話 523）	張培祿	1917 年
1170.	藥種	小	嘉義市	妙春堂（稅額 2,640 円）	張頭	
1171.	漢藥		嘉義市	新回春	莊來	
1172.	藥種、煙草、雜貨	小	嘉義市	德昌（稅額 2,440 円）	陳子恭	
1173.	漢藥		嘉義市		陳永	1927 年
1174.	漢藥		嘉義市	金濟元	陳坤	
1175.	漢藥		嘉義市	保安	陳波	1921 年

1176.	漢藥		嘉義市	回生	陳春儀	1903 年
1177.	漢藥		嘉義市	全安	陳記	1929 年
1178.	漢藥		嘉義市	妙春堂支店	陳清火	1933 年
1179.	漢藥		嘉義市	和元	陳景初	1917 年
1180.	漢藥		嘉義市	金福堂	陳溪泉	1932 年
1181.	漢藥		嘉義市	德豐	曾大粒	1915 年
1182.	漢藥		嘉義市	益利	曾木	1915 年
1183.	漢藥		嘉義市	妙安號	曾沁	1909 年
1184.	漢藥、藥種、和洋雜貨	小	嘉義市	玉峰藥材公司、萬福（稅額 3,600 円）	曾麒麟	1928 年
1185.	藥種	卸、小	嘉義市	德美（稅額 9,009 円）	黃屋	
1186.	藥種		嘉義市	英和（電話 711）	黃星	1925 年
1187.	漢藥		嘉義市	壽安	黃清	1921 年
1188.	漢藥		嘉義市	種杏	黃壽全	1903 年
1189.	漢藥		嘉義市	龍泰	黃賓	1926 年
1190.	藥種、漢藥	卸、小	嘉義市	木生（電話 1115）、豐加號（稅額 10,169 円）	黃銘鐘	1929 年
1191.	漢藥		嘉義市	廣生	楊三奇	1930 年
1192.	漢藥		嘉義市	萬全	楊崙	1933 年
1193.	藥種	小	嘉義市	壽和（稅額 2,880 円）	楊象仁	
1194.	漢藥		嘉義市	南斗	楊象吉	1911 年
1195.	藥種		嘉義市	益生堂藥局(電話 243)	福村信道	1927 年
1196.	藥種	卸、小	嘉義市	坂內商店支店（稅額 3,880 円，電話 336）	福島汶夫	
1197.	漢藥		嘉義市	泰安	劉振能	1916 年
1198.	賣藥	卸、小	嘉義市	星製藥配給所（稅額 2,363 円）	廣涉暮	
1199.	漢藥		嘉義市		蔡伯宗	1913 年
1200.	漢藥		嘉義市	保元	蔡威	1911 年
1201.	漢藥		嘉義市	延安	蔡柱	1909 年
1202.	漢藥		嘉義市	振聲堂	蔡溫	
1203.	藥種	卸、小	嘉義市	日新藥房（電話 940）、英和藥房（稅額 2,215 円）	鄭德和	

1204.	雜貨、石油、藥種	卸、小	嘉義市	（稅額 2,320 円）	鄧龍	
1205.	漢藥		嘉義市	三美	盧塔	1918 年
1206.	漢藥		嘉義市	三榮	蕭過枝	
1207.	漢藥		嘉義市	仁美	賴尚明	
1208.	藥種		嘉義市	中央藥局（電話 109）	賴尚遜	1932 年
1209.	藥種、賣藥	卸、小	嘉義市	金成利（稅額 2,760 円）	賴清沂	
1210.	漢藥		嘉義市	蘇保元	賴清祈	1924 年
1211.	漢藥		嘉義市	北記	賴樹來	1910 年
1212.	藥種	卸、小	嘉義市	丸三藥房支店（稅額 18,814 円，電話 15）	龜田岩太郎	
1213.	藥種		嘉義市	三和藥房	龜田藤七郎	
1214.	漢藥		嘉義市	西河	戴餘德	1927 年
1215.	藥種	卸、小	嘉義市	新瑞昌（稅額 3,100 円）	謝賜	
1216.	藥種	小	嘉義市	（稅額 2,600 円）	藏本朝一	
1217.	雜貨、藥種	卸、小	嘉義市	新嘉興（稅源 38,941 円）	顏頂生	
1218.	藥種	卸	嘉義市	元參（稅額 2,040 円）	顏對	
1219.	藥種		嘉義市	ナニワ藥局（電話 914）	魏少文	1931 年
1220.	漢藥		嘉義市	百草堂	蘇正旺	1929 年
1221.	漢藥		嘉義市		蘇安南	1935 年
1222.	漢藥		嘉義市	劉昌	蘇豐仁	1903 年
1223.	賣藥	小	嘉義市	新協發（稅額 5,120 円）	饒樹木	
1224.	漢藥		嘉義市	翁源富	笹間フウ	1933 年
1225.	賣藥、藥種	卸、小	斗六街	良方（稅額 5,276 円）	蔡佑	
1226.	賣藥	小	斗六街	洽利（稅額 4,400 円）	林建麟	
1227.	賣藥、藥種	卸、小	斗六街	隆記（稅額 10,995 円）	莊蒼	
1228.	賣藥、藥種	小	斗六街	品芳堂（稅額 2,840 円）	張棹	
1229.	賣藥、雜貨	小	斗六街	（稅額 2,800 円）	陳慶	
1230.	賣藥、雜貨	小	斗六街	源茂（稅額 3,600 円）	楊永發	
1231.	藥種、阿片、雜貨	卸、小	斗六街	（稅額 4,450 円）	林國	
1232.	賣藥、雜貨	小	北港街	裕發（稅額 2,800 円）	吳大樹	
1233.	賣藥、雜貨	小	北港街	（稅額 6,800 円）	吳石	

1234.	賣藥、雜貨、冰	小	北港街	北港酒保（稅額 11,680 円，電話 6）	高部敬三	
1235.	賣藥、藥種	卸、小	北港街	泉義（稅額 4,120 円）	許回澎	
1236.	賣藥、藥種	卸、小	北港街	（稅額 2,750 円）	許源泉	
1237.	賣藥、藥種	卸	北港街	金元如（稅額 11,441 円）	陳芝	
1238.	賣藥、雜貨	小	北港街	東茂（稅額 2,000 円）	楊淵涵	
1239.	賣藥、藥種	卸、小	北港街	贊元（稅額 7,505 円）	蔡水讚	
1240.	賣藥、藥種、化妝品、陶器	卸、小	北港街	金長味本店（稅額 3,899 円）	蔡海	
1241.	賣藥、藥種、雜貨	小	北港街	長味（稅額 10,200 円）	蔡然永	
1242.	賣藥、藥種	小	北港街	聯發（稅額 3,000 円）	蘇錦	
1243.	賣藥、度量衡	卸、小	朴子街	（稅額 3,010 円）	黃金益	
1244.	賣藥	小	朴子街	日臺屋（稅額 4,160 円）	褚俊	
1245.	賣藥	小	朴子街	（稅額 3,400 円）	褚土風	
1246.	藥種、雜貨	小	西螺街	金義發（稅額 3,840 円）	陳頂	
1247.	賣藥、雜貨	小	西螺街	建成（稅額 4,000 円）	莊添日	
1248.	賣藥、雜貨	小	西螺街	春成（稅額 4,000 円）	詹溪水	
1249.	賣藥	卸、小	西螺街	良美（稅額 7,650 円）	曾淮泅	
1250.	藥種	卸、小	虎尾街	昌榮堂（稅額 2,740 円，電話 33）	中川原興八	
1251.	藥種	小	虎尾街	大日本製糖會社共同分配所（稅額 92,480 円，電話 3）		
1252.	賣藥	卸	麻豆街	榮春（稅額 3,190 円）	吳塗	
1253.	賣藥、雜貨	小	麻豆街	梱源（稅額 4,000 円）	呂亦	
1254.	賣藥、雜貨	小	麻豆街	協和（稅額 4,000 円）	李會	
1255.	賣藥、雜貨、酒	卸、小	麻豆街	謙興（稅額 7,140 円）	李標	
1256.	賣藥、雜貨	小	麻豆街	勉強堂（稅額 5,040 円）	宮川秀次郎	
1257.	賣藥、雜貨、酒	小	麻豆街	太甚商店（稅額 7,200 円）	清水直三	
1258.	和洋雜貨、賣藥	小	麻豆街	新錦成（稅額 3,200 円）	陳丁旺	

1259.	賣藥、雜貨、小間物	小	麻豆街	陳德記（稅額 4,400 円）	陳德義	
1260.	和洋雜貨、酒、文具、賣藥	卸、小	麻豆街	日月堂（稅額 6,195 円）	黃諒	
1261.	賣藥、藥種	小	麻豆街	新義美（稅額 2,400 円）	謝槌	
1262.	賣藥、酒、麻	卸、小	新化街	協同成（稅額 7,270 円）	張大松	
1263.	藥種	小	新化街	金源益（稅額 2,800 円）	林鬧番	
1264.	賣藥	卸、小	新化街	榮泰商店（稅額 12,280 円）	林神助	
1265.	和洋雜貨、賣藥	小	新化街	協成（稅額 2,800 円）	黃江龍	
1266.	賣藥、藥種	卸、小	鹽水街	芳美號（稅額 2,660 円）	玉清賀	
1267.	賣藥	卸、小	鹽水街	（稅額 3,024 円）	吳大豬	
1268.	賣藥	小	鹽水街	（稅額 2,680 円）	林鵠額	
1269.	藥種	卸	鹽水街	金振芳（稅額 6,052 円）	侯進	
1270.	賣藥	小	鹽水街	新源興（稅額 4,800 円）	翁振昆	
1271.	藥種、度量衡	卸、小	鹽水街	（稅額 2,787 円）	乾林三	
1272.	藥種	小	鹽水街	（稅額 2,600 円）	許萬福	
1273.	藥種、酒	小	鹽水街	（稅額 3,360 円）	陳紅海	
1274.	藥種		岡山郡	述古堂（稅額 10,298 円）	王成	
1275.	藥種、荒物		岡山郡	真記（稅額 7,434 円）	劉天賜	
1276.	藥種		岡山郡	蕭古堂（稅額 5,214 円）	鄭江漢	
1277.	日用雜貨、酒、吳服、砂糖、棺木、賣藥		恆春庄	春成（稅額 22,078 円）	吳清春	
1278.	日用雜貨、酒、吳服、阿片、爆竹、砂糖、賣藥		恆春庄	廣源（稅額 8,760 円）	陳雲士	
1279.	賣藥	小	高雄市		下村柴吉	1933 年
1280.	賣藥	小	高雄市	久保田藥店（電話 2977）	久保田重太郎	1930 年
1281.	賣藥、藥劑、化妝品、染料、計量器	小	高雄市	中央藥局（電話 2952）	土屋卯重	1930 年
1282.	化妝品、賣藥	小	高雄市	土屋藥店（電話 2129）	土屋星子	1926 年

1283.	藥種賣買、化妝品、賣藥、藥品、藥劑、染料	製、小	高雄市	大木藥房（電話 3031，稅額 6,852 円）	大木壽人	1926 年
1284.	賣藥	小	高雄市	大谷商店	大谷寬吉	1935 年
1285.	フマキユラー、フマキラー	卸、小	高雄市	大栗商店（電話 3389）	大場栗五郎	1932 年
1286.	癩病妙藥大病丸	小	高雄市	大慈堂	小牧利助	1937 年
1287.	水虫大妙藥	小	高雄市		工藤のぶ	1930 年
1288.	賣藥	小	高雄市		中村正次	1936 年
1289.	藥種賣買		高雄市	盛文社（稅額 5,160 円）	井上城	
1290.	フマキラー	卸	高雄市	井手商店（電話 3537）	井手荒三郎	1938 年
1291.	化妝品、賣藥	小	高雄市	北生堂（電話 2820、2830）	太田カネ	1920 年
1292.	藥種、賣藥	小	高雄市	第一藥局	木村一郎	1937 年
1293.	藥種	小	高雄市	（稅額 3,430 円）	古谷タツ	
1294.	化妝品、賣藥	小	高雄市	末廣竹松商店	末廣竹松	1932 年
1295.	賣藥、化妝品、染料	小	高雄市	石原至誠堂藥房	石原丕喺	1933 年
1296.	藥種、賣藥	小	高雄市	吉岡寫真館（稅額 11,266 円，電話 924）	吉田清次郎	
1297.	藥種賣買、藥劑、化妝品、理化學機械、染料	卸、小	高雄市	安藤藥局（電話 2333 和 3039，稅額 18,082 円，高雄藥業組合成立於昭和 6 年 9 月）	安藤彥市	1916 年
1298.	藥種	小	高雄市	（稅額 2,580 円）	朱天兵	
1299.	藥種、賣藥	製、小	高雄市	朱回春漢藥房	朱軒	1916 年
1300.	藥種	卸、小	高雄市	（稅額 5,424 円）	行友勇雄	
1301.	賣藥、京染	卸、小	高雄市		佐久間門吾	1936 年
1302.	藥種	卸、小	高雄市	平戶支店（稅額 7,280 円，電話 1104）	兵野吉次郎	
1303.	藥種、賣藥	製、小	高雄市	協春堂	吳文成	1910 年
1304.	雜貨、賣藥	卸、小	高雄市	利公（稅額 20,170 円）	吳東祿	
1305.	藥種、賣藥	製、小	高雄市	濟生藥房	吳清萍	1926 年
1306.	藥種、賣藥	小	高雄市	和安堂	宋豐	1926 年

1307.	賣藥、藥種	小	高雄市	廣濟堂漢藥房	李士東	1926 年
1308.	藥種、賣藥	小	高雄市		李天生	1928 年
1309.	賣藥、藥種	小	高雄市	復杏林	李向	1913 年
1310.	藥種、賣藥（同業組合）	卸、小	高雄市	合名會社中西藥房（電話 2190）	李求	1936 年
1311.	藥種、賣藥	卸、小	高雄市	太星藥局（電話 2716）	李修	1933 年
1312.	賣藥、藥種	小	高雄市	回生堂	李彩	1907 年
1313.	雜貨、賣藥	卸、小	高雄市	李慶順（稅額 11,578 円）	李清吉	
1314.	雜貨、賣藥	小	高雄市	淺野セメント會社日用品配給所（稅額 14,620 円，電話 600）	杉浦彌郎	
1315.	賣藥（蛇油）	製卸小	高雄市	杉崎商會	杉崎安兵衛	1932 年
1316.	強腦強粉	小	高雄市	日本水產理研高雄營業所（電話 2539）	每熊徵夫	1937 年
1317.	化妝品、賣藥、藥種	製、小	高雄市	三星藥局（電話 3391）	周石鵬	1933 年
1318.	賣藥、藥劑、染料、化妝品、計量器	製、小	高雄市	岡部藥局（電話 2664）	岡部紫郎	1929 年
1319.	化妝品、賣藥、藥種	製、小	高雄市	三和藥局	林仁德	1935 年
1320.	賣藥、藥劑	製、小	高雄市	林藥局	林江立	1934 年
1321.	化妝品、賣藥、藥種	小	高雄市	春興藥房	林狗	1930 年
1322.	賣藥、日用雜貨、專賣品	小	高雄市	林商店（電話 3719）	林修貴	1935 年
1323.	藥種、賣藥	製卸小	高雄市	五洲藥房	林漢水、林明堂	1934 年
1324.	賣藥、食料雜貨、煙草	小	高雄市	振發商店	林禎	1938 年
1325.	賣藥	小	高雄市	山樵藥房	林戀	1931 年
1326.	藥種、藥劑、賣藥	製、小	高雄市	仁德藥局（電話 2921）	雨宮清五	1937 年
1327.	賣藥、藥種	製、小	高雄市	慈德堂藥房	施闊口	1933 年
1328.	賣藥、藥種	小	高雄市	茂松商店	柯子焜	1930 年
1329.	藥種	小	高雄市	（稅額 5,590 円，電話 407）	柳田久太郎	

1330.	賣藥、藥種	小	高雄市	永安堂藥房	洪江魁	1921 年
1331.	靴、賣藥	小	高雄市	進益靴店	洪記	1928 年
1332.	賣藥	小	高雄市	信安藥房	洪朝抽	1930 年
1333.	賣藥、藥種	小	高雄市	瑞安堂	孫肚	1918 年
1334.	賣藥、化妝品	小	高雄市	旭國民堂（電話 2992）	孫笠	1938 年
1335.	藥種	小	高雄市	榮記號（稅額 2,150 円）	孫榮	
1336.	賣藥、化妝品	製、小	高雄市	高雄藥房（電話 2087）	翁宗順	1935 年
1337.	賣藥、化妝品	小	高雄市	清山藥房	翁清田	1935 年
1338.	賣藥	小	高雄市	裕德藥房	張尊三	1934 年
1339.	雜貨、賣藥	小	高雄市	（稅額 4,472 円）	張福	
1340.	藥種、賣藥	製、小	高雄市	莊松榮藥房（電話 2865）	莊溫萌	1910 年
1341.	賣藥、食料雜貨、果子、專賣品	小	高雄市	東合發商店	許有福	1935 年
1342.	賣藥	小	高雄市	源興大效堂藥房	許恩全	1937 年
1343.	藥種、賣藥	製、小	高雄市	古益堂	許清番	1904 年
1344.	賣藥	小	高雄市	三榮堂藥房（電話 3572）	郭榮藝	1936 年
1345.	藥種	小	高雄市	（稅額 3,182 円，電話 542）	野中クラ	
1346.	賣藥	製、小	高雄市		陳之樋	1932 年
1347.	賣藥	小	高雄市	和安堂	陳水枝	1918 年
1348.	藥種、藥劑、賣藥	製、小	高雄市	北野藥局	陳再賜	1937 年
1349.	賣藥	小	高雄市	旭光藥局	陳汝村	1935 年
1350.	雜貨、賣藥	卸、小	高雄市	（稅額 6,792 円）	陳江力	
1351.	賣藥、藥種	小	高雄市	座安藥房	陳坐	1927 年
1352.	藥種、賣藥	製、小	高雄市	內外藥房	陳知江	1928 年
1353.	賣藥、藥種	卸、小	高雄市	慶祥藥局	陳望祥	1933 年
1354.	化妝品、賣藥、藥種	小	高雄市	進安藥房（電話 2465）	陳廣進	1929 年
1355.	賣藥、食料雜貨、煙草	小	高雄市	村吉商店	陳歐氏秀葉	1936 年
1356.	賣藥、專賣品	小	高雄市	順隆商店	陳甃奎	1927 年

1357.	藥種、賣藥	卸、小	高雄市	（稅額 2,266 円，電話 544）	森健次郎	
1358.	賣藥、日用雜貨、酒、煙草	小	高雄市	安共商店（電話 2773）	馮江山	1931 年
1359.	賣藥、藥種	小	高雄市	恒德藥房	黃米	1924 年
1360.	賣藥、食料雜貨、酒、煙草	小	高雄市	長榮商店（電話 2473）	黃清課	1934 年
1361.	賣藥、藥種	小	高雄市	黃恒安堂藥房（電話 3322）	黃超	1917 年
1362.	藥種、賣藥	小	高雄市	德安堂藥房	黃德勝	1922 年
1363.	雜貨、賣藥	小	高雄市	金萬泰（稅額 3,096 円）	楊氏繡靴	
1364.	雜貨、藥種	小	高雄市	（稅額 2,322 円）	楊位	
1365.	藥種、賣藥	製、小	高雄市	重生堂	楊梧桐	1912 年
1366.	雜貨、賣藥、藥種	小	高雄市	（稅額 11,868 円，電話 126）	福永治作	
1367.	賣藥、化妝品、果子、小間物、文房具	小	高雄市	福助堂	福田節	1938 年
1368.	藥種	卸、小	高雄市	慶雲藥局	趙榮讓	1933 年
1369.	化妝品、賣藥、藥劑	卸、小	高雄市	ヒロセ藥局（電話 2642）	廣瀨信一	1928 年
1370.	藥種、賣藥	製、小	高雄市	保生堂	歐興發	1916 年
1371.	雜貨、賣藥	小	高雄市	（稅額 4,902 円）	蔡智成	
1372.	洋藥種	製、小	高雄市		蔡登	1935 年
1373.	賣藥、食料雜貨、果子、專賣品	小	高雄市	順興商店	蔡傳世	1913 年
1374.	賣藥	小	高雄市	中西洋品部	盧李氏說	
1375.	賣藥	小	高雄市	德忠堂	蕭陳氏招治	1936 年
1376.	藥劑、賣藥	製卸小	高雄市	家傳靈藥溶毒丸製劑本舖（電話 2127）	館林恒吉	1911 年
1377.	賣藥	小	高雄市		濱田シゲ	1936 年
1378.	藥種、賣藥	小	高雄市	榮昌（稅額 2,838 円）	藍雅言	
1379.	藥種、賣藥	小	高雄市	豐源	顏能仁	1926 年
1380.	賣藥、藥種	製、小	高雄市	合資會社德生堂大藥房（電話 3087）	魏皆得	1935 年
1381.	賣藥	小	高雄市	龜屋藥舖	鎌田榮吉	1933 年

1382.	賣藥	小	高雄市	關山商店	關山廣一	1927 年
1383.	賣藥、藥種	小	高雄市		嚴連	1934 年
1384.	藥種	卸、小	高雄市	富士屋（稅額 5,250 円，電話 445）	梶井秀藏	
1385.	藥種賣買、化妝品	製卸小	高雄市	天生堂（稅額 16,950 円，電話 2316）	辻市次郎、辻利江	1907 年
1386.	藥種		鳳山街	王敬昌（稅額 5,208 円）	顏氏金釵	
1387.	藥種		鳳山街	振德（稅額 5,418 円）	張石定	
1388.	藥種		鳳山街	振發（稅額 5,164 円）	張吉	
1389.	賣藥雜貨		潮州庄	延明堂（稅額 4,816 円）	嗚戶長十	
1390.	藥種賣藥		潮州庄	同安藥房（稅額 6,040 円）	黃自然	
1391.	藥種賣藥		潮州庄	生和堂（稅額 6,102 円）	賴阿先	
1392.	日用雜貨、酒、煙草、吳服、石油、賣藥		內埔庄	裕隆（稅額 7,680 円）	廖邱氏阿妹	
1393.	日用雜貨、酒、煙草、吳服、賣藥		內埔庄	源義（稅額 8,084 円）	李學賢	
1394.	蕃產物、日用雜物、酒、煙草、鹽、賣藥		內埔庄	（稅額 10,430 円）	顏慶得	
1395.	日用雜貨、酒、布、藥種、賣藥		枋山庄	泉吉（稅額 5,460 円）	李蓋明	
1396.	獸肉、日用雜貨、酒、煙草、棺木、賣藥		枋山庄	源春（稅額 5,160 円）	林聰明	
1397.	日用雜貨、酒、煙草、白米、布、賣藥		枋寮庄	德義支店（稅額 6,450 円）	吳水鏡	
1398.	藥種、賣藥	小	東港街	金義元（稅額 2,236 円）	李化財	
1399.	賣藥、藥種、洋酒		東港街	西榮堂（稅額 5,524 円）	林坤	
1400.	藥種、賣藥	小	東港街	茂香（稅額 2,666 円）	洪元珍	
1401.	雜貨、賣藥	卸、小	東港街	益發（稅額 9,466 円）	張順取	
1402.	藥種	小	東港街	長回（稅額 2,580 円）	張萬金	
1403.	藥種、賣藥	卸、小	東港街	金記（稅額 12,492 円）	黃添福	

1404.	藥種雜貨		東港街	健昌堂藥房（稅額6,708円）	猿渡源藤	
1405.	雜貨、賣藥	小	東港街	興隆（稅額4,816円）	蘇河水	
1406.	雜貨、賣藥	小	屏東市	順發（稅額7,740円）	下漏江	
1407.	藥種、賣藥、度量衡	卸、小	屏東市	順天堂（稅額20,578円，電話8）	大石友次郎	
1408.	藥種		屏東市	屏東藥局（電話57）	中川忠吾	
1409.	賣藥	小	屏東市	吉田屋（稅額10,836円，電話30）	中島久	
1410.	藥種		屏東市		中島孝	
1411.	漢藥		屏東市	太田藥局（電話537）	太田壽雄	
1412.	藥種		屏東市	阿緱藥局（電話163）	王滿堂	
1413.	藥種		屏東市	陽生藥房	王錫濤	
1414.	和洋雜貨、文具、賣藥	小	屏東市	（稅額3,096円，電話120）	石井久	
1415.	漢藥		屏東市	星光藥行	西山忠七	
1416.	賣藥	卸、小	屏東市	金成利（稅額2,772円）	吳益氏沽	
1417.	漢藥		屏東市	金桔春	呂成金	
1418.	賣藥	小	屏東市	（稅額8,084円）	志水松三郎	
1419.	賣藥	小	屏東市	（稅額2,494円）	李作規	
1420.	漢藥		屏東市	李永安	李其祥	
1421.	雜貨、賣藥	小	屏東市	（稅額2,322円）	李阿四	
1422.	和洋雜貨、木炭、賣藥	卸、小	屏東市	杜連發（稅額5,700円）	杜惡	
1423.	藥種		屏東市	救生堂藥房	沈新才	
1424.	漢藥		屏東市	愛仁堂藥房	林款生	
1425.	賣藥	小	屏東市	（稅額11,900円）	武田彌三郎	
1426.	漢藥		屏東市	慶豐藥行	邱慶雨	
1427.	藥種		屏東市	三元藥房	邱鑼抄	
1428.	藥種、化妝品、賣藥	卸、小	屏東市	保安藥房（稅額21,465円，電話39）	施宜	
1429.	雜貨、賣藥	小	屏東市	新興（稅額5,676円）	施雨	
1430.	漢藥		屏東市	榮安堂	若松轟四郎	
1431.	賣藥	小	屏東市	（稅額4,300円）	清全	
1432.	藥種		屏東市	調安藥房	莊安哖	

1433.	漢藥	卸、小	屏東市	合安藥房	連木	
1434.	漢藥	卸、小	屏東市	連福春	連清池	
1435.	漢藥	卸、小	屏東市	衛生堂藥房	郭能望	
1436.	藥種		屏東市	建安藥房	郭龍飛	
1437.	漢藥		屏東市	吉安藥房	陳大察	
1438.	小間物、賣藥	小	屏東市	（稅額 4,200 円）	陳月華	
1439.	漢藥		屏東市	進安堂	陳李氏紛	
1440.	漢藥、賣藥	小	屏東市	德安藥房（稅額 2,580 円）	陳海淋	
1441.	賣藥	小	屏東市	（稅額 4,300 円）	陳鳥雲	
1442.	藥種、賣藥	卸、小	屏東市	愛德堂（稅額 3,030 円）	陳勝求	
1443.	漢藥		屏東市	愛育堂	陳錦和	
1444.	藥種		屏東市	萬安藥房	彭增來	
1445.	雜貨、賣藥	小	屏東市	日成（稅額 6,020 円）	曾細般黎	
1446.	賣藥	小	屏東市	（稅額 2,236 円）	森野初之助	
1447.	賣藥	小	屏東市	（稅額 2,408 円）	新田滋松	
1448.	藥種		屏東市	存仁堂	楊阿頭	
1449.	漢藥		屏東市	南進藥房	劉丁雲	
1450.	賣藥	小	屏東市	金德和（稅額 3,870 円）	劉長祿	
1451.	漢藥		屏東市	金德芳	劉炳南	
1452.	藥種	小	屏東市	瑞德（稅額 2,150 円）	劉樹德	
1453.	藥種		屏東市	信安藥房（電話 459）	潘添發	
1454.	漢藥		屏東市	杏范堂	鄭相	
1455.	賣藥	卸、小	屏東市		盧辰	
1456.	藥種		屏東市	信效堂	蕭榮昌	
1457.	漢藥、賣藥	卸、小	屏東市	養福藥房、泰祿（稅額 2,322 円）	韓天賜	
1458.	漢藥		屏東市	養福藥房本店	韓典	
1459.	賣藥	小	屏東市	洽吉（稅額 3,620 円）	蘇福人	
1460.	漢藥		屏東市	回春	鐘阿六	
1461.	藥種、賣藥	小	旗山街	和生堂（稅額 3,010 円）	吳明雲	
1462.	藥種、賣藥	卸、小	旗山街	美吉存心堂（稅額 3,050 円）	柯馬	
1463.	賣藥	小	旗山街	德存江（稅額 2,924 円）	張杏林	

1464.	賣藥	小	旗山街	進順發（稅額 4,300 円）	郭記	
1465.	藥種、賣藥	卸、小	旗山街	保安堂（稅額 2,370 円）	陳日成	
1466.	和洋雜貨、賣藥	卸、小	旗山街	（稅額 2,252 円）	黃昌	
1467.	雜貨、賣藥	卸、小	旗山街	復震吉（稅額 12,090 円）	劉震發	
1468.	雜貨、賣藥	小	旗山街	協記（稅額 2,580 円）	蕭許氏連桂	
1469.	和洋雜貨、賣藥	卸、小	鳳山街	（稅額 3,262 円）	池田健次郎	
1470.	藥種、賣藥	小	鳳山街	聯德源（稅額 4,338 円）	李鳳趁	
1471.	賣藥	小	鳳山街	（稅額 4,558 円）	桑野鶴吉	
1472.	藥種、賣藥	卸、小	鳳山街	振發（稅額 6,690 円）	張吉	
1473.	賣藥	小	鳳山街	（稅額 2,838 円，電話 66）	福島才二	
1474.	藥種、賣藥	卸、小	鳳山街	玉啟昌（稅額 5,772 円）	顏養	
1475.	藥種、賣藥	卸	鳳山街	新合美（稅額 2,718 円）	蘇添壽	
1476.	藥品、賣藥	卸	花蓮港街	回生堂（稅額 6,128 円，電話 19）	中村豐太郎	
1477.	藥種	卸	花蓮港街	保和堂（稅額 3,577 円）	鄭月澄	
1478.	藥品、賣藥、粉末、阿片	卸	花蓮港街	博愛堂（稅額 5,715 円，電話 222）	塚原市六	
1479.	藥種、賣藥	卸	花蓮港街	高砂堂（稅額 3,610 円，電話 251）	海野八郎	
1480.	藥種	小	臺東街	菊生堂（稅額 4,821 円，電話 114）	木下巖	
1481.	藥種	小	臺東街	寶山堂（稅額 2,874 円，電話 150）	小野登喜太	
1482.	藥種	卸、小	臺東街	保生堂（稅額 23,110 円，電話 35）	松井金二郎	
1483.	雜貨、賣藥	卸、小	馬公街	及春堂（稅額 3,090 円，電話 49）	蔡獎	
1484.	和洋雜貨、賣藥	小	馬公街	救生堂（稅額 2,666 円，電話 42）	許令咸	

參考資料：

1. 栗田政治，《臺灣商工名錄》，臺北市：臺灣物產協會，1927 年。
2. 臺北商工會，《臺北商工會會員名簿》，臺北市：臺北商工會，1937 年。

 3. 臺北商工會,《臺北商工會會員名簿》,臺北市:臺北商工會,1937 年。

 4. 臺灣銀行,《臺灣會社摘要》,臺北市:臺灣銀行,1924 年。

 5. 臺灣總督府殖產局商工課,《臺灣工場通覽》,1929 年。

 6. 臺灣總督府殖產局商工課,《臺灣工場通覽》,1925 年。

 7. 臺北市勸業課編纂,《臺北市商工人名錄》,臺北市:臺北市役所,1937 年。

 8. 基隆市役所編,《基隆市商工人名錄》,基隆市:基隆市役所,1933 年。

 9. 杉浦和作,《新竹州商工人名錄》,臺北:臺灣實業興信所編纂部,1929 年。

10. 國分金吉編纂,《新竹州商工名鑑》,新竹市:新竹圖書刊行會,1930 年。

11. 新竹市役所,《新竹市商工名錄》,新竹市:新竹市役所,1933 年。

12. 新竹市役所,《新竹市商工人名錄》,新竹市:新竹市役所,1938 年。

13. 新竹市役所,《新竹市商工人名錄》,新竹市:新竹市役所,1941 年。

14. 臺灣實業興信所代表者杉浦和作編纂,《臺中州商工人名錄》,臺北市:臺灣實業
    興信所編纂部,1930 年。

15. 臺中市役所,《臺中商工人名錄》,臺中市:臺中市役所,1935 年。

16. 臺中市役所,《臺中市商工人名錄》,臺中市:臺中市役所,1936 年。

17. 臺中市役所,《臺中市商工人名錄》,臺中市:臺中市役所,1938 年。

18. 彰化市役所,《彰化市商工業案內》,彰化市:彰化市役所,1935 年。

19. 嘉義市勸業課編纂,《嘉義市商工人名錄》,嘉義市:嘉義市役所,1936 年。

20. 臺南市勸業協會,《臺南市商工案內》,臺南市:臺南市勸業協會,1934 年。

21. 臺南市役所,《臺南市商工人名錄》,臺南市:臺南市役所,1936 年。

22. 臺南市役所,《臺南商工人名錄》,臺南市:臺南市役所,1938 年。

23. 臺南市役所,《臺南市商工人名錄》,臺南市:臺南市役所,1940 年。

24. 杉浦和作編,《高雄州商工人名錄》,臺北市:臺灣實業興信所,1929 年。

25. 臺灣實業興信所代表者兼編纂者杉浦和作,《高雄州商工人名錄》,臺北市:臺灣
    實業興信所編纂部,1929 年。

26. 高雄市役所,《高雄市商工案內》,高雄市:高雄市役所,1937 年。

27. 高雄市役所,《高雄市商工人名錄》,高雄市:高雄市役所,1939 年。

28. 屏東商工會議所,《屏東市商工人名錄》,屏東市:屏東商工會議所,1940 年。

附錄四　藥籤中各漢藥材療效說明

1. 海藻：功效為清燥熱之痰火、軟堅、利尿。癭瘤、慢性頸淋巴結炎、甲狀腺腫。

2. 地骨皮：功效為清虛熱、涼血、降壓、止咳、堅筋骨。治虛熱、癆熱、盜汗、口渴、肺熱喘咳、喀血、消渴。

3. 黃芩：可治療痢腹痛，具有涼心、治肺熱、瀉肺火、還可治療眼精紅腫以及有養陰的功用。

4. 桔梗：功效因含有皂素，有溶血功用，所以若長期或大量使用會產生噁心及嘔吐的現象，因此須注意使用。有宣肺祛痰、消痰、排膿、止血及治療咽喉痛的功效。可鎮痛、抗潰瘍、抑制胃液分泌的功能。具有引領其他藥材至身體各部位發揮作用的功能。

5. 紫蘇（別名蘇葉）：功效有解毒散寒、通心利肺及溫氣中和的功效。能促進食慾、健胃整腸，適合用於退熱、發汗、滋補及治傷風。治傷風頭痛、發熱、胸腹脹滿、咳嗽、氣喘、乳癰腫痛。

6. 半夏：治欬逆頭眩，痰厥頭痛，眉稜骨痛，咽痛，胸脹。傷寒寒熱，痰瘧不眠，反胃吐食，散痞除癭，消腫止汗。可降逆、和胃、和止嘔、化痰。孕婦忌之。

7. 淡竹葉：具有涼心緩脾，消痰止渴。欬逆喘促，嘔噦吐血，中風失音，小兒驚。且具有清熱、除煩躁和利尿的效果。能改善口渴、抗菌和消腫。

8. 石膏：功效為退熱、解渴、消腫。治熱性感染性疾病、高熱、煩躁、大渴、大汗、胃火牙痛、熱毒。

9. 知母：功效為解熱、抗菌、鎮靜、祛痰。骨蒸勞熱、盜汗、腎火亢盛、

口腔炎、咽喉炎、大便燥結、消渴。

10. 桑白皮：功效為瀉肺火、止咳平喘。治熱咳嗽、氣急喘咳、水腫腳氣、支氣管炎、咳嗽喘息。

11. 葛根：功效為解肌退熱、生津止渴、透疹。治擴張心冠脈、頭痛項強、煩熱消渴、熱瀉、高血壓、耳聾(內耳血管痙攣引起)。

12. 柴胡：可改善肺部濕熱、調理肺功能，具有養肝的效用。

13. 杏仁：有宣肺和潤燥功能。對中樞神經有鎮靜的功能，是故不能食用過量。

14. 澤瀉：能利水滲濕、清除腎臟濕熱、利小便、消除腫脹。能滋潤五臟、補養虛炎、且能補陰。

15. 麝香：可解毒，殺蟲墮胎，壞果敗酒。治卒中諸風，諸氣，諸血，諸痛，痰厥驚癇。癥瘕瘴瘧，鼻窒，耳聾，目翳，陰冷，治果積酒積。

16. 延胡索（元胡、延索）：治氣凝血結，上下內外諸痛，癥瘕崩淋，月候不調。產後血暈，暴血上衝，折傷積血，疝氣危急。為治血利氣第一藥。

17. 當歸：能補血、清血、潤腸胃、通經、光澤皮膚，對婦女身體補養有很好效果。促進血液循環、幫助子宮收縮、活血化瘀。當歸內含精油類成份，有抗痙攣、鎮靜的作用。有多醣類成份，能增加免疫力。然滑大腸，瀉者忌用。

18. 附子：有毒所以必須經炮製，才能袪寒濕、通經活絡、補陽。

19. 川芎（芎窮）：能活血、疏通血絡、養新血，能止痛、化瘀。能止痛、化瘀，抑制血小板聚集。

20. 蓮子：治脾泄久痢，白濁夢遺，女人崩帶，及諸血病。止渴去熱、安心神。常食用可使人心生歡喜，心煩氣燥，也可養神。富含澱粉、碳水化合物、蛋白質、脂肪。有補中益氣、養精神的功效。

21. 元參（玄參）：據近代研究，本品有降血壓和降血糖的作用。對綠膿桿菌有較強的抑制作用。玄參能滋陰降火、益精、利便，可以治熱病煩渴。對咽喉腫痛、自汗盜汗、吐血鼻血、津涸便秘、煩心失眠也有效果。對於脾胃濕滯、虛弱而腹瀉者，不宜。

22. 黃耆：主治痘症不起，陽虛無熱者宜之。能生肌、利水和消腫，可調節汗排泄，治陰虛火熱、瘡傷不癒是托瘡聖藥。黃耆為平和強壯藥，能補中益氣、強壯脾胃、還可補虛勞和增強免疫力。凡是胸腹氣悶、胃有積滯、肝氣不和多怒、上焦熱甚、下焦極寒，不宜以黃耆進補。

23. 黃連：能瀉火氣、涼血熱、清肝火、改善消化不良、止嘔、治療下痢。寒虛為病者禁用(久服黃連苦參反熱從火化也)。

24. 天麻（定風草）：治諸風眩掉，頭旋眼黑，語言不遂，風濕，小兒驚。

25. 蔓荊子：疏散風熱、清利頭目。治風熱感冒、正、偏頭痛、齒痛、赤眼、昏暗多淚。

26. 獨活：治本經傷風頭痛，頭運目眩，風熱齒痛。濕痺，奔豚疝瘕。祛風濕、通經絡、鎮痛。治風寒濕痺、頭痛、手腳攣痛、齒痛、口眼歪斜、神經痛。

27. 麻黃：治中風傷寒，頭痛溫瘧，欬逆上氣，痰哮氣喘。赤黑斑毒，毒風疹痺，皮肉不仁，目赤腫痛，水腫風腫。有能宣肺、平喘的功用；炙麻黃，還有增強潤肺的效果。過劑則汗多亡陽，夏月禁用。

28. 薄荷：治頭痛頭風，中風失音，痰嗽口氣，語濇舌胎。眼耳咽喉口齒諸病。皮膚癮疹，瘰歷瘡疥，驚熱，骨蒸，破血止痢。薄荷能解熱、消炎、健胃，且能改善頭部與咽喉腫熱疼痛。

29. 車前（車錢子、車前草）：利尿，鎮咳，祛痰，止瀉。清肺肝風熱，滲膀胱濕熱。利小便而不走氣與茯苓同功，強陰益精，令人有子。涼血去熱，止吐衄，消瘕瘀，明目通淋。主治淋病，尿血，癃閉，瀉痢，目赤腫痛。治濕痺五淋，暑濕下痢，目赤障翳，催生下胎。能清除濕熱，清肝明目及清肺化痰，還能消水腫和強陰。清熱解毒、消炎止血、止瀉、鎮咳祛痰。治血淋、濕熱下痢、慢性氣管炎、小便不利、腸炎、眼疾。

30. 香附：治多怒多憂，痰飲痞滿，胸腫腹脹。飲食積聚，霍亂吐瀉，腎氣腳氣，癰疽瘡傷。吐血便血，崩中帶下，月候不調，胎產百病。芳香健胃劑、理氣、解鬱、調經、止痛。胸治腹部脹痛、月經不調、肝氣鬱滿、白帶、慢性膽囊炎。

31. 五倍子（棓子、百蟲倉）：收斂止血，斂肺止咳，澀腸止瀉，排膿斂瘡，消腫解毒。肺虛咳嗽，腸虛泄瀉，慢性下痢，各種出血，痔疾脫肛。外治火傷燙傷，皮膚濕爛，潰瘡金瘡。

32. 乳香：治心腹諸痛，口噤耳聾，癰疽瘡腫，產難折傷，亦治癲狂。活血止痛舒筋、消腫生肌。治氣血凝滯、心腹疼痛、癰瘡腫毒、跌打損傷、痛經。

33. 五味子：故專收斂肺氣，而滋腎水，益氣生津，補虛明目，強陰濇精。退熱斂汗，止嘔住瀉，寧嗽定喘，除煩渴。消水腫，解酒毒，收耗散之氣，瞳

子散大。固澀、斂肺滋腎、生津斂汗、鎮咳祛痰。治虛寒喘咳、久瀉久痢、自汗盜汗、遺精、口乾。

34. 木瓜：治霍亂轉筋，瀉痢腳氣，腰足無力。斂肺和胃，理脾伐肝，化食，止渴。氣脫能收，氣滯能和，調營衛，利筋骨，去濕熱，消水脹。功效為滋養、強壯、補脾肺、固精、壯筋骨。治脾虛泄瀉、久痢、小便頻數、健忘、消渴、遺精、帶下。

35. 白芷：辛散風，溫除濕，芳香通竅而表汗。行手足陽明(大腸胃)，入手太陰(肺)，而為陽明主藥。活血排膿，生肌止痛，解砒毒蛇傷。治陽明頭目昏痛，眉稜骨痛，牙痛，鼻淵。目癢，淚出，面皯，瘢疵，皮膚燥癢，三經風熱之病。血崩血閉，腸風痔　，癰疽瘡瘍，三經濕熱之病。產後傷風，血虛頭痛。祛風、解表、止痛、消腫、排膿。頭痛、眉稜骨痛、齒痛、鼻淵、腸風痔漏、癰疽瘡瘍。

36. 澤蘭：治產後血瀝，腰痛，吐血鼻血，目痛頭風，癰毒撲損。行血通經、利尿消腫、破瘀除癥。治血瘀經閉、經痛、產後浮腫、跌打瘀腫、癰腫瘡毒。

37. 遠志：治迷惑善忘，驚悸夢洩，腎積奔豚，一切癰疽。有定心氣和止驚悸的效果，可改善健忘、安魂魄、瀉心火。

38. 蒼朮：燥胃強脾，發汗除濕，能升發胃中陽氣，止吐瀉。逐痰水，消腫滿，辟惡氣，散風寒濕，為治痿要藥。又能總解痰火氣血濕食六鬱，及脾濕下流，腸風帶濁。可去除脾胃濕氣，治腹脹、噁心嘔吐、腹瀉、祛風濕、發汗。

39. 柏子：仁其氣清香，能透心腎而悅脾，養心氣，潤腎燥，助脾滋肝。益智寧神，聰耳明目，益血止汗，除風濕，澤皮膚。有養心氣、透心腎、益智寧神及益脾胃的功效。

40. 白朮：苦燥濕，甘補脾，溫和中。在血補血，在氣補氣，無汗能發，有汗能止。燥濕則能利小便，生津液，止泄瀉，消痰水腫滿，黃疸濕痹。補脾則能進飲食，祛勞倦，止肌熱，化癥癖。和中則能已嘔吐，定痛安胎。可以和中補氣、止渴生津、健胃、利小便、除水腫。

41. 黨參：補中益氣，和脾胃，除煩渴，中氣微虛，用以調補，甚為平妥。可補中益氣、調和脾胃，對調理因疲累所引起的消化不良十分有效。

42. 連翹：有消炎消腫排膿、利尿、殺蟲止痛的功用，且能發散風熱，清熱解毒。

43. 赤芍：可清除或是減輕肝熱，能改善瘀血和婦女經痛。

44. 川貝：有清虛痰、潤心肺及鎮靜的功效。可化痰、止咳、減輕喉嚨不舒服。

45. 香附：治多怒多憂，痰飲痞滿，胸腫腹脹。飲食積聚，霍亂吐瀉，腎氣腳氣，癰疽瘡傷。吐血便血，崩中帶下，月候不調，胎產百病。為芳香健胃劑、理氣、解鬱、調經、止痛。胸治腹部脹痛、月經不調、肝氣鬱滿、白帶、慢性膽囊炎。

46. 砂仁：補肺益腎，和胃醒脾，快氣調中，通行結滯。祛痰逐冷，消食醒酒。止痛安胎。散咽喉口齒浮熱，化銅鐵骨哽。治腹痛痞脹，噎膈嘔吐，上氣欬嗽。赤白瀉痢，霍亂轉筋，奔豚崩帶。理氣寬胸、健胃。腹痛痞脹、食積不消、寒濕瀉痢、虛寒胃痛。

47. 桂枝：能發汗、能溫暖腸胃、還能溫經、利水。能促進血液循環，但孕婦不宜服用。

48. 羚羊角：目為肝竅，此能清肝，故明目去障。肝主風，其合在筋，此能祛風舒筋。骨痛，筋攣。肝藏魂，心主神明，此乃能瀉心肝邪熱。故治狂越僻謬，夢魘驚駭。肝主血，此能散血，故治瘀滯惡血，血痢腫毒。相火寄於肝膽，在志為怒，此能下氣降火。故治傷寒伏熱，煩滿，氣逆，食噎不通。羚之性靈，而精在角，故又辟邪而解諸毒。

49. 犀牛角：治傷寒時疫，發黃發斑，吐血下血。畜血譫狂，痘瘡黑陷，消癰化膿，定驚明目。妊婦忌之。

50. 冰片：有開竅醒神、清熱消腫、止痛的功能。用於神志昏迷、溫熱病高熱神昏、中風痰厥、氣厥、中惡、瘡瘍腫痛、口瘡、咽喉腫痛、目赤腫痛、眼疾、牙齦腫痛等。現代用於冠心病、心絞痛。藥理為強心，能增強心肌代謝，促進血液循環，有興奮中樞神經系統作用，抑菌，有局部鎮痛及防腐作用。

51. 全蠍：驅風鎮痙、解毒散結、降壓。治口眼歪斜、半身不遂、風濕痺痛、偏頭痛。

52. 茯苓：甘溫益脾，助陽，淡滲利竅，除濕，色白入肺瀉熱。而下通膀胱，寧心益氣，調營理衛，定魄安魂。小便結者能通，多者能止，生津止渴，退熱安胎。治憂恚驚悸，心下結痛，寒熱煩滿，口焦舌乾。欬逆，嘔噦，膈中痰水，水腫淋瀝，泄瀉，遺精。開心益志、安心神、利小便、調養身體機能、滋補脾臟、改善消化。去濕、消水腫，預防因肝機能受損而引起的身體不適或

水腫現象。質地堅硬呈白色的叫白茯苓，此為上品，若為質地鬆軟的淡紅色，則為赤茯苓，為下品。

53. 木香：三焦氣分之藥，能升降諸氣，泄肺氣，疏肝氣，和脾氣。殺鬼物，禦瘴霧。去腋臭，實大腸，消食安胎。治一切氣痛，九種心痛，嘔逆反胃，霍亂瀉痢後重，癃閉。痰壅氣結，癥瘕塊，腫毒蠱毒，衝脈為病，氣逆裏急。木香能行氣、止痛，還具有改善食慾不振的功能。治胸腹脹痛、痢疾泄瀉、膀胱冷痛、疝氣、慢性胃腸炎。

54. 烏藥：能疏胸腹邪熱之氣，一切病之屬氣者皆可治，氣順則風散。故用以治中氣中風，及膀胱冷氣，小便頻數。反胃吐食，宿食不消，瀉痢霍亂，女人血凝氣滯，小兒蚘蛔。外如瘡疥癰癤，皆成於血逆，理氣亦可治之，療貓犬百病。

55. 沒藥：散結氣，通滯血，消腫定痛，生肌，補心膽虛，肝血不足。治金瘡杖瘡，惡瘡痔漏，翳暈目赤，產後血氣痛，破癥墮胎。散血去瘀、消腫定痛、通經、健胃。跌打損痛。關節腫痛、心腹諸痛、經閉、內傷出血、扭傷、惡瘡。

56. 蟬蛻（蟬退、金蟬）：驅風清熱、定驚解痙、明目退翳、宜肺透疹。治肺熱嘶啞、破傷風痙攣、風疹身癢、眼紅腫痛、小兒夜啼、目翳。

57. 天竹黃：治大人中風不語，小兒客忤驚為尤宜。

58. 青黛：治傷寒發斑，吐咯血痢，小兒驚，疳熱丹熱。傅癰瘡，蛇犬毒。

59. 胡桃：故上而虛寒喘嗽，下而腰腳虛痛。內而心腹諸痛，外而瘡腫諸毒，皆可除也。

60. 一條根：舒筋活絡、驅風去濕、解熱鎮痛。骨折損傷、坐骨神經痛、風濕痛。

61. 天門冬（天冬）：治肺痿肺癰，吐膿吐血，痰嗽喘促，消渴嗌乾。足下熱痛，虛勞骨蒸，陰虛有火之證。有潤燥、美化肌膚、止咳化痰、幫助排泄的功效。

62. 細辛：辛溫散風邪，故諸風痺痛，咳嗽上氣，頭痛脊強者宜之。辛散浮熱，故口瘡喉痺，鼻淵齒者宜之。辛益肝膽，故膽虛驚，風眼淚下者宜之。細辛有小毒，能散風、祛寒、化痰，可以改善頭痛、腹痛。禁忌是味厚性烈，不可過用。

63. 通草：治五淋水腫，目昏耳聾，鼻塞失音，退熱催生。

64. 防風：為去風勝濕之要藥。發汗解熱、鎮痛、利尿、祛風。外感風寒、頭痛目眩、脊痛項強、風寒濕痹、四肢攣急。

65. 枳實（枳殼）：治胸痹結胸，食膈五積，痰癖癥結，嘔逆咳嗽，水腫脅脹。瀉痢淋閉，痔腫腸風，除風去痹，開胃健脾。所主略同，但枳實利胸膈，枳殼寬腸胃，枳實力猛，枳殼力緩，為少異。消食破積、消化不良、利胸膈。治胸腹痞脹痛、食積、濕熱積滯、泄瀉下痢、子宮下垂、胃下垂。

66. 益母草：消水行血，去瘀生新，調經解毒。為經產良藥，消疔腫乳癰，通大小便。治血風，血暈，血痛，血淋，胎痛，產難，崩中，帶下。益母草能促進血液的循環、並且疏通經洛、消水腫、降血壓。

67. 珠兒參：補肺降火，肺熱者宜之。

68. 砂仁：補肺益腎，和胃醒脾，快氣調中，通行結滯。祛痰逐冷，消食醒酒。止痛安胎。散咽喉口齒浮熱，化銅鐵骨哽。治腹痛痞脹，噎膈嘔吐，上氣欬嗽。赤白瀉痢，霍亂轉筋，奔豚崩帶。理氣寬胸、健胃。腹痛痞脹、食積不消、寒濕瀉痢、虛寒胃痛。

69. 人中白（溺白垽、千年冰、中白、淡秋石）：基本來源為年久尿壺中，人尿自然沈結的固體物白色經久而乾者。功效為降火，解熱，消炎，止血，祛痰。主治諸出血症，咽喉發炎腫痛，口齒生瘡，皮膚濕疹，肺結核，諸頭痛，小兒軟骨病。

70. 鉤藤：功效為鉤藤可以平肝風、除心熱，並能改善因內風所引發的頭暈目眩。鉤藤主要用在清熱祛風，體虛無火者不堪再清瀉，不可亂用。

71. 人中黃：清痰火，消石積，大解五臟實熱。治天行熱狂，痘瘡血熱，黑陷不起。

72. 雄黃：治頭痛眩運，暑瘧澼利，泄瀉積聚。治勞疳瘡疥蛇傷。

73. 厚朴：治反胃嘔逆，喘欬瀉痢，冷痛霍亂。能清除腸胃中的積食，厚實腸胃。孕婦不適用。

74. 地榆：治吐，崩中，腸風，血痢。止血、涼血、收斂、清熱解毒。治久痢膿血、便血、胃腸道出血、痔瘡、吐衄、燒傷、濕疹。

75. 烏梅：治久欬瀉痢，瘴瘧，霍亂，吐逆反胃。勞熱骨蒸，安蚘厥，去黑痣，蝕惡肉。常用於消腫及清熱的作用。可生津止渴、保護腸胃和化痰，但不可食用過多，會造成牙齒及筋骨的損傷。

76. 前胡：治痰熱哮喘，欬嗽嘔逆，痞膈霍亂，小兒疳氣。宣散風熱、

下氣消痰、抗菌。治風熱感冒頭痛、鼻塞流涕、肺熱咳嗽、痰稠氣喘、胸膈滿悶。

77. 洋參：有以下兩種。西洋參，功能為補肺降火，生津液，除煩倦，虛而有火者相宜。東洋參主治與遼參相似，功用亦相近，但力薄耳。

78. 阿膠：治虛勞嗽咳，肺痿吐膿，吐血，衄血，血淋，血痔。腸風，下痢，腰痠骨痛，血痛血枯，經水不調。崩帶胎動，癰疽腫毒，及一切風病。具有滋陰潤肺、補血止血的功能。還可用來作為婦女血虛引起的病症。

79. 補骨脂：功效為補腎暖脾、固精縮尿、擴張冠狀動脈。治腎虛久瀉、脾虛腹瀉、尿頻、腰痛、早泄、白帶、子宮冷感、冠心病。

80. 熟地黃：治勞傷風痺，胎產百病，為補血之上劑。是補血的重要藥材。能精血、明耳目、補益五臟。

81. 枸杞子：有明目、去虛勞及滋腎入肺、補虛益腎及養肝的功用。能潤滑大小腸，故常腹瀉的人須注意使用。

82. 地龍：功用為清熱、鎮痙、定喘、降壓、利尿、活絡，可治支氣管哮喘、高血壓、高熱煩燥、半身不遂、跌打損傷。

83. 鬱金（乙金）：治吐，尿血，婦人經脈逆行，血氣諸痛。產後敗血攻心，顛狂失心，痘毒入心，下蠱毒。可解鬱、理氣、散瘀、止痛、利膽。治黃疸、痛經、癲症、膽道炎、胃痙攣。

84. 葶藶（丁力子）：瀉肺、行水、消腫除痰、止咳定喘。肺氣喘滿、痰飲咳嗽、水腫脹滿。

85. 常山：能引吐行水，祛老痰，積飲。專治諸瘧。

86. 山藥（淮山）：功效為補氣、健胃、益腎、補益脾肺的功能。可清虛熱，適合老年人的滋補。有止渴、止瀉、健脾胃的功能。

87. 黃耆：主治痘症不起，陽虛無熱者宜之。能生肌、利水和消腫，可調節汗排泄，治陰虛火熱、瘡傷不癒是托瘡聖藥。黃耆為平和強壯藥，能補中益氣、強壯脾胃、還可補虛勞和增強免疫力。凡是胸腹氣悶、胃有積滯、肝氣不和多怒、上焦熱甚、下焦極寒，不宜以黃耆進補。

88. 通草：治五淋水腫，目昏耳聾，鼻塞失音，退熱催生。

89. 木通：治胸中煩熱，遍身拘痛，大渴引飲，淋瀝不通，水腫浮大。耳聾目眩，口燥舌乾，喉痺咽痛，鼻齆失音，脾熱好眠。功效可利水、降心火、且能解肺熱、疏通血脈、止大渴。

90. 水銀：功專殺蟲。治瘡疥蟣蝨。解金銀銅錫毒，墮胎絕孕。

91. 大黃：為緩下劑、整腸、健胃、大量峻瀉、消炎解毒、行瘀血。治便秘、飲食積滯、閉經、裡急後重、消化道癌、癰瘡痛毒、濕熱黃疸。胃虛血弱人禁用。治傷寒時疾，發熱譫語，溫熱瘴瘧，下痢赤白，腹痛裏急。黃疸水腫，癥瘕積聚留飲宿食，心腹痞滿，二便不通。吐血衄血，血閉血枯，損傷積血，一切實熱，血中伏火。

92. 夜明砂：治目盲翳障，瘰魃驚疳，血氣腹痛。功效為清熱、明目、消疳、活血消積、目盲翳障。治夜盲症、小兒疳積、白內障、間歇熱。

93. 孩兒茶：功能為清上膈熱，化痰生津，止血收濕，定痛生肌。塗金瘡口瘡，除疳痔腫。

94. 黃柏：主治療下焦虛，骨蒸勞熱，諸痿癱瘓，目赤耳鳴，消渴便閉。黃疸水腫，水瀉熱痢，痔血腸風，漏下赤白。諸瘡頭瘍，頭瘡，殺蟲安蚘。功效為瀉火解毒、瀉腎火、收斂消炎、抗菌。治濕熱黃疸、濕熱下注、足痿軟、足膝腫痛、熱痢、骨蒸潮熱、濕疹。

95. 升麻：表散風邪，升發火鬱，能升陽氣於至陰之下。引甘溫之藥上行，以補衛氣之散，而實其表。解百藥毒，吐蠱毒，殺精鬼。功效為解毒透疹、升陽、解熱散風。治身熱頭痛、喉痛口瘡、脫肛、子宮下垂、帶下、久泄。治時氣毒癘，頭痛，寒熱，肺痿吐膿。下痢後重，久泄，脫肛，崩中帶下，足寒陰痿。目赤，口瘡痘瘡，斑疹，風熱瘡癮。

96. 半夏：治欬逆頭眩，痰厥頭痛，眉稜骨痛，咽痛，胸脹。傷寒寒熱，痰瘧不眠，反胃吐食，散痞除癭，消腫止汗。可降逆、和胃、和止嘔、化痰。

97. 桂枝：溫經通脈，發汗解肌，治傷風頭痛，中風自汗。調和營衛，使邪自汗出，而汗自止，亦治手足痛風。能發汗、能溫暖腸胃、還能溫經、利水。能促進血液循環，但孕婦不宜服用。

98. 續斷（六汗）：治腰痛胎漏，崩帶遺精，腸風血痢，癰痔腫毒。續斷能補腎、肝，還能宣通血脈，調理筋骨，溫暖子宮，改善腰痛。

99. 牛膝：能引諸藥下行，酒蒸則甘酸而溫，益肝腎，強筋骨。治腰膝骨痛，足痿筋攣，陰痿失溺，久瘧下痢，傷中少氣。生用則散惡血，破癥結，治心腹諸痛，淋痛尿血，經閉難產。喉痺齒痛，癰腫惡瘡，金瘡傷折，出竹木刺。祛風利濕、通經活血、補肝腎、壯筋骨、散瘀血、消腫痛。治經閉、經痛、風濕痺痛、跌打損傷、腰膝骨痛、水腫腳氣。

100. 川七：有散血定痛的功效。常與杜仲相配合，可舒筋、化痰、活血，並可預防高血壓。治吐血、衄血、散血止痛、肺胃出血、目赤、血崩、胃、十二指腸潰瘍之疼痛。

101. 骨碎補：補腎鎮痛、活血壯筋。治腎虛牙痛、齒齦出血、骨折損傷、腎虛久瀉、耳鳴、足膝痿弱。

102. 蒲公英：功能為化熱毒，解食毒，消腫核。亦為通淋妙品，擦牙，烏髭髮，白汁塗惡刺。專治乳癰，疔毒。功效為清熱、解毒、散結、消腫、抗菌。治急性乳房炎、闌尾炎、黃疸型肝炎、痛毒、結膜炎。

103. 胡蘆巴：功能為暖丹田，壯元陽。治腎臟虛冷，陽氣不能歸元，瘕疝冷氣，寒濕腳氣。

104. 葛根：為治脾胃虛弱泄瀉之聖藥。療傷寒中風，陽明頭痛，血痢溫瘧，腸風痘症。可解肌退熱、生津止渴、透疹。治擴張心冠脈、頭痛項強、煩熱消渴、熱瀉、高血壓、耳聾(內耳血管痙攣引起)。

105. 陳皮：能強健脾、開胃、助運化，還可調理氣機、止咳化痰、去濕氣。有燥濕（去除水份）、理氣的作用，對於養護肝臟、避免引發水腫有良好功效。健胃、袪痰、鎮咳。對食積不消、腹脹等現象有良好改善效果。

106. 生地黃：治吐崩中，傷寒陽強，痘證大熱。功效為涼血、生津、清熱、補養虛弱體質。可調節動物高血糖的現象，對糖尿病有良好效果。

107. 麥門冬：功能是清心潤肺，強陰益精，瀉熱除煩，消痰止嗽，行水生津，可潤燥生津、化痰止咳、利尿、強心、強壯，治療燥熱咳嗽、清肺、肺痿吐血、肺癰吐膿、便秘。

資料來源：2008 年 6 月 16 日於國家網路藥典（http://hospital.kingnet.com.tw/medicine/search_cm.html）。

徵引書目

一、史　料

（一）檔　案

1. 臺灣總督府臺北醫院編，《臺灣總督府臺北醫院年報》，1900 年，1908～1916 年，1919～1922 年。

2. 臺灣總督府研究所編，《臺灣總督府研究所一覽》1916 年。

3. 臺灣總督府中央研究所衛生部編，《臺灣總督府中央研究所衛生部報告》1921 年。

4. 臺灣總督府中央研究所衛生部編，《臺灣總督府中央研究所衛生部業績集》1921～1927 年。

5. 臺灣總督府中央研究所編，《臺灣總督府中央研究所例規》1934 年。

6. 臺灣總督府中央研究所編，《臺灣總督府中央研究所概要》1935 年。

7. 臺灣總督府臺中醫院編，《臺灣總督府臺中醫院院務要覽》，1935 年。

8. 臺灣總督府中央研究所編，《臺灣總督府中央研究所梗概》，1937 年。

9. 臺灣總督府中央研究所衛生部編，《臺灣總督府中央研究所衛生部年報》第 3～6 號，1935～1937 年。

（二）藥業法令集

1. 只野典男編，《內地、臺灣醫事藥事法典（附關係法令、限地開業醫師及藥種商試驗案內其他）》，臺北：醫事藥事法典刊行會，1928 年。

2. 久保田源助編，《藥業者必攜臺灣藥事輯（附受驗者參考編)》，臺中：臺灣藥事研究會，1929 年。

3. 臺灣藥學會編,《加除自在臺灣藥事法規》,臺北:編者,1931 年。

4. 高雄州醫師會編,《臺灣醫業法令集》,高雄:株式會社民報商事社,1937 年。

(三)商工名錄與統計資料

1. 栗田政治,《臺灣商工名錄》,臺北市:臺灣物產協會,1927 年。

2. 杉浦和作編,《高雄州商工人名錄》,臺北市:臺灣實業興信所,1929 年。

3. 臺灣實業興信所代表者兼編纂者杉浦和作,《高雄州商工人名錄》,臺北市:臺灣實業興信所編纂部,1929 年。

4. 杉浦和作,《新竹州商工人名錄》,臺北:臺灣實業興信所編纂部,1929 年。

5. 國分金吉編纂,《新竹州商工名鑑》,新竹市:新竹圖書刊行會,1930 年。

6. 臺灣實業興信所代表者杉浦和作編纂,《臺中州商工人名錄》,臺北市:臺灣實業興信所編纂部,1930 年。

7. 基隆市役所編,《基隆市商工人名錄》,基隆市:基隆市役所,1933 年。

8. 新竹市役所,《新竹市商工名錄》,新竹市:新竹市役所,1933 年。

9. 臺南市勸業協會,《臺南市商工案內》,臺南市:臺南市勸業協會,1934 年。

10. 臺中市役所,《臺中商工人名錄》,臺中市:臺中市役所,1935 年。

11. 彰化市役所,《彰化市商工業案內》,彰化市:彰化市役所,1935 年。

12. 臺中市役所,《臺中市商工人名錄》,臺中市:臺中市役所,1936 年。

13. 嘉義市勸業課編纂,《嘉義市商工人名錄》,嘉義市:嘉義市役所,1936 年。

14. 臺南市役所,《臺南市商工人名錄》,臺南市:臺南市役所,1936 年。

15. 臺北商工會,《臺北商工會會員名簿》,臺北市:臺北商工會,1937 年。

16. 臺北市勸業課編纂,《臺北市商工人名錄》,臺北市:臺北市役所,1937 年。

17. 高雄市役所,《高雄市商工案內》,高雄市:高雄市役所,1937 年。

18. 新竹市役所,《新竹市商工人名錄》,新竹市:新竹市役所,1938 年。

19. 臺中市役所,《臺中市商工人名錄》,臺中市:臺中市役所,1938 年。

20. 臺南市役所,《臺南商工人名錄》,臺南市:臺南市役所,1938 年。

21. 高雄市役所,《高雄市商工人名錄》,高雄市:高雄市役所,1939 年。

22. 臺南市役所，《臺南市商工人名錄》，臺南市：臺南市役所，1940 年。

23. 屏東商工會議所，《屏東市商工人名錄》，屏東市：屏東商工會議所，1940年。

24. 新竹市役所，《新竹市商工人名錄》，新竹市：新竹市役所，1941 年。

25. 臺灣總督府官房調查課編，《臺灣總督府第一～第四十六統計書》，1989～1944 年。

（四）醫藥衛生雜誌與書籍

1. 臺灣總督府民政部編，《臺灣衛生概要》，臺北：該部，1913 年。

2. 國府小平著，《臺灣衛生行政法講義》，臺北：臺灣總督府醫學校校友會，1915 年。

3. 臺灣藥友會，《臺灣藥友會會報》，臺北：臺灣藥友會，1922 年。

4. 蘭大衛等編，《臺南，彰化醫館長老教公用藥方》，1922 年。

5. 恩田重信編，《歐米藥制註釋》，東京：編者發行，1922 年。

6. 臺灣總督府警務局編，《臺灣衛生要覽》，臺北：該局，1925 年。

7. 臺灣藥友會，《臺灣藥友會誌》，臺北：臺灣藥友會，1922 年～1927 年。

8. 臺灣藥學會，《臺灣藥學會誌》，臺北：臺灣藥學會，1930～1937 年。

9. 林天定，《臺灣漢藥學》，臺中：臺中藥學講習會，1930 年。

10. 警務局衛生課，《マラリア防遏誌》，臺北：臺灣總督府警務局衛生課，1932 年。

11. 日本藥學協會，《臨床醫藥處方全集》，東京：明星堂，1937 年。

12. 武石弘男等編，《現代醫藥品の實際》，東京：南山堂，1938 年。

13. 臺北市藥業組合，《臺北市藥業組合概況》，臺北：臺北市藥業組合，1939年。

14. 臺拓調查課，《臺灣に於ける規那樹栽培事業概要》，1940 年。

15. 臺灣醫學會編，《臺灣醫學會雜誌》第 42 卷 455 號，1943 年。

16. 西川義方編，《續內科診療ノ實際》，東京：南山堂，1948 年。

17. 丸山芳登，《日本領時代に遺した臺灣の醫事衛生業績》，橫濱：編者，1957 年。

（五）報　紙

1. 衛生課報，〈藥事衛生展覽會〉，《臺灣時報》，時報類，大正 10 年（1921）6 月，頁 111～113、152。

2.〈如水社附屬醫院開業了，置有內外各科〉,《臺灣民報》第 263 號,1929
年 6 月 2 日。

3.〈臺北如水社增設附屬醫院,在艋舺五日開業〉,《臺灣民報》第 312 號,
1930 年 5 月 10 日。

4.〈醫乃仁術？醫藥依然不降價,景況日非頻人斗苦,降價運動將抬頭了〉,
《臺灣民報》第 324 號,1930 年 8 月 2 日。

5.〈文協農組開始醫藥減價運動〉,《臺灣民報》第 334 號,1930 年 10 月 11
日。

6.〈新竹民眾黨支部的工作,醫藥減價運動,開黨員訓練會〉,《臺灣民報》
第 337 號,1930 年 11 月 1 日。

7.〈臺中醫藥不降價,民眾黨支部活躍,醫若仁術需要降價,不景況當中貧
者斗苦〉,《臺灣民報》第 338 號,1930 年 11 月 8 日。

8.〈不平鳴〉,《臺灣民報》第 338 號,1930 年 11 月 8 日。

9.〈發施療券可當作是一種的減藥價嗎？對臺中醫師會的決議,民眾黨委員
這樣批評〉,《臺灣民報》第 340 號,1930 年 11 月 22 日。

10.〈對醫藥減價運動的批評〉,《臺灣民報》第 340 號,1930 年 11 月 22 日。

11.〈西藥脫退組合,小賣減折售出〉,《臺灣民報》第 343 號,1930 年 12 月
13 日。

12.〈醫師議減藥價,兼發出施療券〉,《臺灣民報》第 372 號,1931 年 7 月 11
日。

13.〈臺南醫藥學會の意見書〉,《臺灣日日新報》第 276 號,明治 32 年（1898）
1 月 7 日,電報類,第二版。

14.〈賣藥の賣行〉,《臺灣日日新報》第 389 號,明治 32 年（1899）8 月 10
日,第二版。

15.〈檢查藥商〉,《臺灣日日新報》第 406 號,明治 32 年（1899）9 月 7 日,
第三版。

16.〈醫藥宜慎〉,《臺灣日日新報》第 551 號,明治 33 年（1898）3 月 6 日,
第四版。

17.〈藥房獲利〉,《臺灣日日新報》第 634 號,明治 33 年（1899）6 月 14 日,
第三版。

18.〈賣藥宜慎〉,《臺灣日日新報》第 350 號,明治 33 年(1898)7 月 4 日,第三版。

19.〈檢查藥品〉,《臺灣日日新報》第 888 號,明治 34 年(1901)4 月 21 日,第五版。

20.〈毒藥慎賣〉,《臺灣日日新報》第 1003 號,明治 34 年(1899)9 月 4 日,第三版。

21.〈召集藥商〉,《臺灣日日新報》第 1092 號,明治 34 年(1900)12 月 20 日,第三版。

22.〈土人藥種商組合組織方の訓諭〉,《臺灣日日新報》第 1093 號,明治 34 年(1901)12 月 21 日,第三版。

23.〈藥商協議〉,《臺灣日日新報》第 1097 號,明治 34 年(1901)12 月 26 日,第三版。

24.〈藥商組合〉,《臺灣日日新報》第 1102 號,明治 35 年(1902)1 月 1 日,第十版。

25.〈議設藥學〉,《臺灣日日新報》第 1182 號,明治 35 年(1901)4 月 13 日,第六版。

26.〈臺北本島人藥種商組合費收銷結算報告表〉,《臺灣日日新報》第 1456 號,明治 36 年(1902)3 月 12 日,第四版。

27.〈調查藥品〉,《臺灣日日新報》第 1540 號,明治 36 年(1902)6 月 20 日,第三版。

28.〈藥業組合の店員獎勵と總會〉,《臺灣日日新報》第 2163 號,明治 38 年(1904)7 月 19 日,第五版。

29.〈臺中の賣藥業者〉,《臺灣日日新報》第 2226 號,明治 38 年(1903)9 月 30 日,第四版。

30.〈南部地方的賣藥行商〉,《臺灣日日新報》第 2737 號,明治 40 年(1907)6 月 20 日,第五版。

31.〈澎湖醫藥學會〉,《臺灣日日新報》第 2873 號,明治 40 年(1906)11 月 29 日,第二版。

32.〈澎湖島醫藥學會〉,《臺灣日日新報》第 2978 號,明治 41 年(1907)4 月 8 日,第二版。

33. 〈臺北藥業組合近況〉,《臺灣日日新報》第 3818 號,明治 41 年（1907）
8 月 15 日,第三版。

34. 〈不正直的藥屋〉,《臺灣日日新報》第 3197 號,明治 41 年（1908）8 月
26 日,第五版。

35. 〈藥商店員表彰式〉,《臺灣日日新報》第 3234 號,明治 42 年（1908）2
月 16 日,第四版。

36. 〈賣藥行商〉,《臺灣日日新報》第 3252 號,明治 42 年（1909）3 月 5 日,
第五版。

37. 〈不正な賣藥〉,《臺灣日日新報》第 3294 號,明治 42 年（1909）4 月 25
日,第七版。

38. 〈醫者與藥屋〉,《臺灣日日新報》第 3167 號,明治 42 年（1909）11 月 12
日,第五版。

39. 〈藥業組合店員園遊會〉,《臺灣日日新報》第 3536 號,明治 43 年（1909）
2 月 11 日,第七版。

40. 〈夏季の賣藥〉,《臺灣日日新報》第 3716 號,明治 43 年（1909）9 月 13
日,第五版。

41. 〈藥屋仲間的紛紜〉,《臺灣日日新報》第 3973 號,明治 44 年（1911）6
月 15 日,第五版。

42. 〈製藥會社近況〉,《臺灣日日新報》第 4246 號,明治 45 年（1911）3 月
26 日,第四版。

43. 〈製藥會社成立〉,《臺灣日日新報》第 4256 號,明治 45 年（1911）4 月
6 日,第四版。

44. 〈製藥組織變更〉,《臺灣日日新報》第 4357 號,明治 45 年（1911）7 月
17 日,第一版。

45. 〈製藥會社中止〉,《臺灣日日新報》第 4437 號,大正 1 年（1912）10 月
7 日,第三版。

46. 〈藥種商組合總會〉,《臺灣日日新報》第 4450 號,大正 1 年（1912）10
月 21 日,第四版。

47. 〈藥律違反〉,《臺灣日日新報》第 4308 號,大正 1 年（1912）12 月 20 日,
第七版。

48. 〈保和藥局披露〉,《臺灣日日新報》第 4589 號,大正 2 年(1913)3 月 11 日,第六版。

49. 星一,〈文明國と賣藥〉,《臺灣日日新報》第 4663 號,大正 2 年(1913)5 月 29 日,第七版。

50. 〈星社長之招宴〉,《臺灣日日新報》第 4670 號,大正 2 年(1913)6 月 5 日,第六版。

51. 〈賣藥及活動寫真〉,《臺灣日日新報》第 4670 號,大正 2 年(1913)6 月 5 日,第六版。

52. 〈賣藥規則改正案〉,《臺灣日日新報》第 14801 號,大正 2 年(1913)10 月 17 日,第五版,內外要電類。

53. 〈星製藥之發展〉,《臺灣日日新報》第 4903 號,大正 3 年(1914)2 月 3 日,第五版。

54. 〈星製藥之慰問〉,《臺灣日日新報》第 5002 號,大正 3 年(1914)5 月 16 日,第六版。

55. 〈星製藥更寄贈〉,《臺灣日日新報》第 5006 年,大正 3 年(1914)5 月 20 日,第六版。

56. 〈星製藥懸賞大賣出〉,《臺灣日日新報》第 5012 號,大正 3 年(1914)5 月 27 日,第七版。

57. 〈藥種賣藥總會〉,《臺灣日日新報》第 5063 號,大正 3 年(1914)7 月 18 日,第六版。

58. 〈星製藥與戰區地圖〉,《臺灣日日新報》第 5107 號,大正 3 年(1914)9 月 2 日,第七版。

59. 〈星製藥與桃園〉,《臺灣日日新報》第 5147 號,大正 3 年(1914)10 月 13 日,第三版。

60. 〈慨捐藥資〉,《臺灣日日新報》第 5149 號,大正 3 年(1914)10 月 15 日,第三版。

61. 〈醫師會的內紛〉,《臺灣日日新報》第 5152 號,大正 3 年(1914)10 月 19 日,第五版。

62. 〈中部醫界與藥品紛爭〉,《臺灣日日新報》第 5156 號,大正 3 年(1914)10 月 23 日,第三版。

63.〈創立景西星藥公司〉,《臺灣日日新報》第 5583 號,大正 5 年（1916）1
月 12 日,第六版。

64.〈藥品益昂〉,《臺灣日日新報》第 5618 號,大正 5 年（1916）2 月 6 日,
第五版。

65.〈藥種商神農祭〉,《臺灣日日新報》第 5892 號,大正 5 年（1916）11 月
26 日,第六版。

66.〈籌種藥植物〉,《臺灣日日新報》第 5976 號,大正 6 年（1917）2 月 18
日,第五版。

67.〈藥物栽培獎勵〉,《臺灣日日新報》第 6118 號,大正 6 年（1917）4 月 1
日,第二版。

68.〈星製藥之春宴〉,《臺灣日日新報》第 6302 號,大正 7 年（1918）1 月 10
日,第六版。

69.〈藥商店員慰勞會〉,《臺灣日日新報》第 6335 號,大正 7 年（1918）2 月
12 日,第二版。

70.〈規那栽培決定——南投廳下に於て〉,《臺灣日日新報》第 6252 號,大
正 7 年（1918）3 月 1 日,第二版。

71.〈醫藥新研究——研究所の新事業〉,《臺灣日日新報》第 6379 號,大正 7
年（1918）3 月 28 日,第二版。

72.〈研究所分室——臺中に新設さる〉,《臺灣日日新報》第 6384 號,大正 7
年（1918）4 月 2 日,第二版。

73.〈臺中研究所分室〉,《臺灣日日新報》第 6385 號,大正 7 年（1918）4 月
3 日,第二版。

74.〈籌設藥業公司〉,《臺灣日日新報》第 6393 號,大正 7 年（1918）4 月 9
日,第六版。

75.〈藥業公司總會〉,《臺灣日日新報》第 6415 號,大正 7 年（1918）5 月 3
日,第五版。

76.〈新竹藥物檢查〉,《臺灣日日新報》第 6452 號,大正 7 年（1918）6 月 9
日,第七版。

77.〈東瀛藥種公司〉,《臺灣日日新報》第 7589 號,大正 7 年（1918）10 月
24 日,第二版。

78.〈藥價益暴騰——感冒流行之結果〉,《臺灣日日新報》第 6620 號,大正 7 年（1918）11 月 24 日,第五版。

79.〈東亞製藥總會〉,《臺灣日日新報》第 6682 號,大正 8 年（1919）1 月 25 日,第五版。

80.〈臺灣の新產業（上）——藥草栽培は大に有望〉,《臺灣日日新報》第 6720 號,大正 8 年（1919）3 月 4 日,第三版。

81.〈臺灣の新產業（下）——藥草栽培は大に有望〉,《臺灣日日新報》第 6721 號,大正 8 年（1919）3 月 5 日,第三版。

82.〈藥業商勿貪暴利〉,《臺灣日日新報》第 6911 號,大正 8 年（1919）9 月 7 日,第六版。

83.〈臺北藥種商總會〉,《臺灣日日新報》第 6992 號,大正 8 年（1919）12 月 1 日,第四版。

84.〈製造感冒預防藥〉,《臺灣日日新報》第 7011 號,大正 8 年（1919）12 月 20 日,第二版。

85.〈視察漢藥製藥〉,《臺灣日日新報》第 7100 號,大正 9 年（1920）2 月 18 日,第六版。

86.〈臺中製藥會社〉,《臺灣日日新報》第 7084 號,大正 9 年（1920）3 月 2 日,第三版。

87.〈中部製藥事業〉,《臺灣日日新報》第 7110 號,大正 9 年（1920）3 月 28 日,第四版。

88.〈賣藥行商不正〉,《臺灣日日新報》第 7152 號,大正 9 年（1920）5 月 9 日,第四版。

89.〈藥業金融開辦〉,《臺灣日日新報》第 7249 號,大正 9 年（1920）8 月 14 日,第六版。

90.〈平安散之暢銷〉,《臺灣日日新報》第 7249 號,大正 9 年（1920）8 月 14 日,第六版。

91.〈藥屋廣告不實〉,《臺灣日日新報》第 7344 號,大正 9 年（1920）11 月 17 日,第七版。

92.〈全島藥業大會〉,《臺灣日日新報》第 7468 號,大正 10 年（1921）3 月 21 日,第二版。

93.〈星製藥的特約店大會〉,《臺灣日日新報》第 7582 號,大正 10 年（1921）
7 月 13 日,第七版。

94.〈星製藥特約店大會〉,《臺灣日日新報》第 7586 號,大正 10 年（1921）
7 月 17 日,第四版。

95.〈臺北藥業總會〉,《臺灣日日新報》第 7728 號,大正 10 年（1921）12 月
6 日,第六版。

96.〈乾元製藥大廣告〉,《臺灣日日新報》第 7847 號,大正 11 年（1922）4
月 4 日,第四版。

97.〈東亞製藥紛擾〉,《臺灣日日新報》第 7902 號,大正 11 年（1922）5 月
29 日,第四版。

98.〈東亞製藥事件解決〉,《臺灣日日新報》第 7904 號,大正 11 年（1922）
5 月 31 日,第六版。

99.〈藥業金融好成績〉,《臺灣日日新報》第 7926 號,大正 11 年（1922）6
月 22 日,第五版。

100.〈東亞製藥改善〉,《臺灣日日新報》第 7947 號,大正 11 年（1922）7 月
13 日,第六版。

101.〈藥業總會續報〉,《臺灣日日新報》第 8098 號,大正 11 年（1922）12
月 11 日,第四版。

102.〈東亞製藥解決〉,《臺灣日日新報》第 8244 號,大正 12 年（1923）5 月
6 日,第五版。

103.〈星製藥宣傳〉,《臺灣日日新報》第 8270 號,大正 12 年（1923）6 月 1
日,第四版。

104.〈藥業組合表彰式〉,《臺灣日日新報》第 8527 號,大正 13 年（1924）2
月 13 日,第四版。

105.〈藥業組合之分派〉,《臺灣日日新報》第 8607 號,大正 13 年（1924）5
月 3 日,第六版。

106.〈東亞製藥營熟業〉,《臺灣日日新報》第 8631 號,大正 13 年（1924）5
月 27 日,第六版。

107.〈本島人藥業總會〉,《臺灣日日新報》第 8819 號,大正 13 年（1924）
12 月 1 日,第五版。

108. 〈藥種商要聘講師〉,《臺灣日日新報》第 8831 號,大正 13 年(1924)12
月 23 日,第四版。

109. 〈漢藥證書授與式〉,《臺灣日日新報》第 9009 號,大正 14 年(1925)6
月 9 日,第四版。

110. 〈漢藥研究再募生〉,《臺灣日日新報》第 9083 號,大正 14 年(1925)8
月 22 日,第四版。

111. 〈藥組總會〉,《臺灣日日新報》第 9161 號,大正 14 年(1925)11 月 8 日,
第四版。

112. 〈阿片違反事件判決〉,《臺灣日日新報》第 9163 號,大正 14 年(1925)
11 月 10 日,第四版。

113. 〈漢藥藥種商試驗〉,《臺灣日日新報》第 9201 號,大正 14 年(1925)12
月 18 日,第四版。

114. 〈漢醫藥報出版〉,《臺灣日日新報》第 9205 號,大正 14 年(1925)12 月
22 日,第四版。

115. 〈漢藥研究錄上梓〉,《臺灣日日新報》第 9213 號,大正 14 年(1925)12
月 30 日,第四版。

116. 〈臺北藥業組合勤績者表彰式〉,《臺灣日日新報》第 9257 號,大正 15 年
(1924)2 月 12 日,第二版。

117. 〈藥業三團體總會〉,《臺灣日日新報》第 9309 號,大正 15 年(1926)4
月 5 日,第四版。

118. 〈洋漢藥免許試驗〉,《臺灣日日新報》第 9330 號,大正 15 年(1926)4
月 26 日,第三版。

119. 〈藥商試驗〉,《臺灣日日新報》第 9368 號,大正 15 年(1926)6 月 3 日,
第四版。

120. 〈臺北藥材公司重整旗鼓〉,《臺灣日日新報》第 9379 號,大正 15 年(1926)
6 月 14 日,第四版。

121. 〈藥商試驗〉,《臺灣日日新報》第 9547 號,大正 15 年(1926)11 月 29
日,第四版。

122. 〈藥種商考試不日揭曉〉,《臺灣日日新報》第 9609 號,昭和 2 年(1927)
1 月 30 日,第四版。

123.〈高雄藥種商試驗〉,《臺灣日日新報夕刊》第 9694 號,昭和 2 年（1927）4 月 25 日,第一版。

124.〈高雄州下の藥種商合格者〉,《臺灣日日新報夕刊》第 9699 號,昭和 2 年（1927）4 月 30 日,第一版。

125.〈臺北本島人藥業組合總會〉,《臺灣日日新報》第 9921 號,昭和 2 年（1927）12 月 8 日,第四版。

126.〈臺北赤十字醫院藥價低廉需簡手續望加設備發揮〉,《臺灣日日新報》第 10338 號,昭和 4 年（1929）1 月 28 日,第四版。

127.〈藥業組幹部違規濫賣——組員將自由販賣〉,《臺灣日日新報》第 11146 號,昭和 4 年（1929）4 月 25 日,第四版。

128.〈臺北藥業組合勵行定價〉,《漢文臺灣日日新報》第 10537 號,昭和 4 年（1929）8 月 18 日,第四版。

129.〈臺中州衛生課試驗藥種商〉,《臺灣日日新報》第 10628 號,昭和 4 年（1929）11 月 18 日,第四版。

130.〈考藥種商〉,《臺灣日日新報》第 10634 號,昭和 4 年（1929）11 月 24 日,第四版。

131.〈漢藥消費一年五百萬圓多採自川粵〉,《臺灣日日新報》第 10659 號,昭和 4 年（1929）12 月 19 日,第四版。

132.〈藥郊聯合會發會式〉,《漢文臺灣日日新報》第 10728 號,昭和 5 年（1930）2 月 27 日,第四版。

133.〈合格漢藥商竹州下十五名〉,《臺灣日日新報》第 10729 號,昭和 5 年（1930）2 月 28 日,第四版。

134.〈藥郊聯合會發會盛況〉,《漢文臺灣日日新報》第 10731 號,昭和 5 年（1930）3 月 2 日,第四版。

135.〈臺南所開藥業大會出席百餘名〉,《漢文臺灣日日新報》第 10774 號,昭和 5 年（1930）4 月 15 日,第四版。

136.〈全島醫藥大會續報〉,《漢文臺灣日日新報》第 10795 號,昭和 5 年（1930）5 月 6 日,第四版。

137.〈醫藥價格減低二成五的運動——於基隆民眾黨支部〉,《臺灣日日新報》第 10945 號,昭和 5 年（1930）10 月 4 日,第二版。

138. 〈醫藥減價運動〉,《臺灣日日新報》第 10953 號,昭和 5 年(1930)10 月 20 日,第二版。

139. 〈員林郡漢藥業組合〉,《臺灣日日新報》第 11044 號,昭和 6 年(1931)1 月 12 日,第四版。

140. 〈藥業組合總會糾合全島欲設聯合會〉,《漢文臺灣日日新報》第 11046 號,昭和 6 年(1931)1 月 24 日,第四版。

141. 〈藥業大會決議事項——製藥賣藥資格限定請願、全島設藥事法規研究部〉,《漢文臺灣日日新報》第 11143 號,昭和 6 年(1931)4 月 22 日,第四版。

142. 〈腸疫預防藥有特效,服此區域本年不發,臺中市努力撲滅〉,《漢文臺灣日日新報》第 11158 號,昭和 6 年(1931)5 月 7 日,第一版。

143. 〈臺北藥業組合糾紛續報憤幹部背約〉,《漢文臺灣日日新報》第 11158 號,昭和 6 年(1931)5 月 7 日,第四版。

144. 〈豐原漢藥講習〉,《漢文臺灣日日新報》第 11166 號,昭和 6 年(1931)5 月 15 日,第四版。

145. 〈組合員會〉,《漢文臺灣日日新報》第 11198 號,昭和 6 年(1931)6 月 16 日,第四版。

146. 〈臺中州藥種商試驗〉,《臺灣日日新報》第 11344 號,昭和 6 年(1931)11 月 10 日,第三版。

147. 〈嘉義醫藥會〉,《漢文臺灣日日新報》第 11349 號,昭和 6 年(1931)11 月 15 日,第四版。

148. 〈希設臺灣藥專學校或置藥業科於醫專以維持漢藥於不墜〉,《臺灣日日新報》第 11761 號,昭和 8 年(1933)1 月 4 日,第四版。

149. 〈臺北藥業組合設交換會每月議定一回〉,《漢文臺灣日日新報》第 11859 號,昭和 8 年(1933)4 月 13 日,第四版。

150. 〈臺南州下藥種商試驗〉,《漢文臺灣日日新報》第 11984 號,昭和 8 年(1933)8 月 16 日,第四版。

151. 〈藥商口試〉,《漢文臺灣日日新報》第 11992 號,昭和 8 年(1933)8 月 24 日,第四版。

152. 〈新營郡藥商及第〉,《漢文臺灣日日新報》第 12001 號,昭和 8 年(1933)9 月 2 日,第四版。

153. 〈藥商合格〉,《漢文臺灣日日新報》第 12005 號,昭和 8 年（1933）9 月 6 日,第四版。

154. 臺北的斑鳩子,〈キナ的全貌と星製藥會社〉,《臺灣日日新報》第 12241 號,昭和 9 年（1934）5 月 3 日,第三版。

155. 〈花蓮港廳希設藥試驗所並調查地方病〉,《臺灣日日新報》第 12312 號,昭和 9 年（1934）7 月 13 日,第四版。

156. 〈星製藥購馬〉,《臺灣日日新報》第 12505 號,昭和 10 年（1935）1 月 24 日,第八版。

157. 〈員林漢藥組總會議起藥價表彰勤績店員〉,《臺灣日日新報》第 12581 號,昭和 10 年（1935）4 月 11 日,第八版。

158. 〈極力取締〉,《臺灣日日新報》第 12594 號,昭和 10 年（1935）4 月 24 日,第四版。

159. 〈竹山漢洋藥業組合開定期總會〉,《臺灣日日新報》第 12601 號,昭和 10 年（1935）5 月 1 日,第四版。

160. 〈製藥試驗〉,《臺灣日日新報》第 12602 號,昭和 10 年（1935）5 月 2 日,第四版。

161. 〈臺灣新設星製藥會社〉,《臺灣日日新報》第 12728 號,昭和 10 年（1935）9 月 5 日,第八版。

162. 〈員林藥商總會〉,《臺灣日日新報》第 12937 號,昭和 11 年（1936）4 月 3 日,第四版。

163. 〈臺南藥業臨時總會將重行約定價格——市民注目,組合員亦有反對〉,《臺灣日日新報》第 12999 號,昭和 11 年（1936）6 月 5 日,第八版。

164. 〈臺南藥組臨時總會藥價抬高似非所宜〉,《臺灣日日新報》第 13003 號,昭和 11 年（1936）6 月 9 日,第四版。

165. 〈潮州郡の蕃地に規那樹苗的植栽〉,《臺灣日日新報》第 13010 號,昭和 11 年（1936）6 月 16 日,第五版。

166. 〈新興製藥會社創立〉,《臺灣日日新報》第 13158 號,昭和 11 年（1936）12 月 10 日,第四版。

167. 〈星藥專開校紀念祝賀會〉,《臺灣日日新報》第 14798 號,昭和 16 年（1941）5 月 22 日,第二版。

168.〈臺灣藥劑師會令けふ公布西部五州に會創設〉,《臺灣日日新報》第
　　15726 號,昭和 18 年（1943）12 月 11 日,第一版。

169.〈鹽野義キニ－ネ製造に乘出す〉,《臺灣日日新報》第 15726 號,昭和 18
　　年（1943）12 月 11 日,第二版。

二、專　書

1. 黃靜嘉,《日據時期臺灣殖民地法制與殖民統治》,臺北:自刊,1960 年。

2. 厚生省醫務局編,《醫制百年史（記述和資料編）》,東京:編者,1976 年。

3. Milton Silverman Phlip R.Lee 著,王國裕摘譯,《藥品、利潤、政治》,臺
　　北:臺灣省公共衛生教實驗院,1980 年。

4. 麻生國男著,《化妝品業界》,東京:株式會社教育社,1982 年。

5. 吉原昭治著,《臺灣寺廟藥籤研究》,臺北:武陵出版有限公司,1990 年。

6. 邱年永著,《臺灣寺廟藥籤方藥考釋》,臺南縣學甲鎮:全國保生大帝廟
　　宇聯誼會,1993 年。

7. 游鑑明訪問,吳美慧、張茂霖等紀錄,《走過兩個時代的臺灣職業婦女訪
　　問記錄》,臺北:中央研究院近代史研究所,1994 年。

8. 小田俊郎,洪有錫譯,《臺灣醫學五十年》,臺北:前衛,1995 年。

9. 行政院衛生署編,《臺灣地區公共衛生發展史（一）》,臺北:行政院衛生
　　署,1995 年。

10. 莊永明著,《臺灣醫療史——以臺大醫院為主軸》,臺北:遠流,1997 年。

11. 陳永興著,《臺灣醫療發展史》,臺北:月旦出版社,1998 年。

12. 張麗俊著,許雪姬,洪秋芬編纂解讀,《水竹居主人日記》共 10 冊,臺
　　北市:中央研究院近代史研究所;臺中縣:臺中縣文化局,2000 年。

13. 吳密察兼修,遠流臺灣館編著,《臺灣史小事典》,臺北:遠流,2000 年。

14. 范佐勳著,《臺灣藥學史》,臺北市:財團法人鄭氏藥學文教基金會,2001
　　年。

15. 謝博生著,《現代醫學在臺灣》,臺北:國立臺灣大學醫學院,2001 年。

16. 臺灣科技與社會網絡計畫群編,《科技渴望社會》,臺北:群學,2004。

17. 王思迅、吳志鴻、胡宏明著,《臺灣古董雜貨珍藏圖鑑》,臺北:果實,
　　2004 年。

18. 許雪姬總策劃,《臺灣歷史辭典》兩冊,臺北:文建會,2004 年。

19. 傅大為著，《亞細亞的新身體：性別、醫療與近代臺灣》，臺北：群學，2005 年。

20. 范燕秋著，《疫病、醫學與殖民現代性》，臺北：稻鄉，2005 年。

21. 經典雜誌編著，《臺灣醫療 400 年》，臺北：經典雜誌，2006 年。

22. 梁瓈尹著，《臺灣日日新：老藥品的故事》，臺北：臺灣書房，2007 年。

23. 皮國立著，《臺灣日日新：當中藥碰上西藥》，臺北：臺灣書房，2008 年。

24. 林獻堂著，許雪姬主編，許雪姬等註解，《灌園先生日記》共 14 冊，臺北市：中央研究院臺灣史研究所籌備處、中央研究院近代史研究所，2000～2008 年。

三、論　文

（一）學位論文

1. 陳君愷，〈日治時期臺灣醫師社會地位之研究〉，國立臺灣師範大學歷史所碩士論文，1991 年。

2. 范燕秋，〈日據前期臺灣之公共衛生——以防疫為中心之研究〉，國立臺灣師範大學歷史學系碩士論文，1994 年。

3. 賴郁雯，〈日治時期臺灣的衛生研究——以臺灣總督府中央研究所衛生部為例〉，國立中央大學歷史所碩士論文，1998 年。

4. 范燕秋，〈日本帝國發展下殖民地臺灣的人種衛生〈1985～1945〉〉，國立政治大學歷史學系博士論文，2000 年。

5. 許宏彬，〈臺灣的阿片想像：從舊慣的阿片君子，到更生院的矯正樣本〉，國立清華大學歷史研究所碩士論文，2001 年。

6. 李敏忠，〈日治初期殖民現代性研究——以《臺灣日日新報》漢文報衛生論述（1898～1906）為主〉，國立成功大學臺灣文學研究所碩士論文，2004 年。

7. 巫毓荃，〈「病態的民族：日治晚期臺灣的民族性精神疾病史」〉，國立清華大學歷史所碩士論文，2004 年。

8. 江秀彥，〈臺灣藥業發展中國家角色之分析〉，國立中山大學政治學研究所碩士論文，2006 年。

（二）期刊論文

1. 范燕秋，〈日治時期臺灣總督府宜蘭醫院初探〉，《宜蘭文獻雜誌》7 期，1994 年，頁 1～38。

2. 范燕秋,〈日治前期臺灣公共衛生之形成 1895～1920：一個制度面的觀察〉,《思與言》33 卷 2 期,1995 年,頁 215～258。

3. 范燕秋,〈鼠疫與臺灣之公共衛生（1896～1917）〉,《國立中央圖書館臺灣分館館刊》1 卷 3 期,1995 年,頁 59～84。

4. 蔡岳熹,〈帝國主義的輔助工具——由「臺灣醫學五十年」一書談日治時期的醫學發展〉,《臺灣史料研究》5 期,1995 年,頁 111～113。

5. 莊永明,〈日治時代的醫學教育〉,《臺灣史料研究》8 期,1996 年,頁 3～20。

6. 范燕秋,〈醫學與殖民擴張——以日治時期臺灣瘧疾研究研究為例〉,《新史學》7 卷 2 期,1996 年,頁 133～173,頁 133～173。

7. 范燕秋,〈新醫學在臺灣的實踐（1898～1906）——從後藤新平《國家衛生原理》談起〉,《新史學》9 卷 3 期,1998 年,頁 49～86。

8. 劉士永,〈1930 年代日治時期臺灣醫學的特質〉,《臺灣史研究》4 卷 1 期,1998 年,頁 97～147。

9. 劉翠溶、劉士永,〈臺灣歷史上的疾病與死亡〉,《臺灣史研究》4 卷 2 期,1999 年,頁 89～132。

10. 宋錦秀,〈臺灣寺廟藥籤彙編：宜蘭「醫藥神」的系統〉,《宜蘭文獻雜誌》37 期,宜蘭：宜蘭縣立文化中心,1999 年,頁 3～46。

11. 李貞德,〈從醫療史到身體文化的研究——從「健與美的歷史」研討會談起〉,《新史學》10 卷 4 期,1999 年,頁 117～128。

12. David J. Arnold 著,蔣竹山譯,〈醫學與殖民主義〉,《當代》170 期,2001 年,頁 40～59。

13. 劉士永,〈「清潔」、「衛生」與「保健」——日治時期臺灣社會公共衛生觀念之轉變〉,《臺灣史研究》8 卷 1 期,2001 年,頁 41～87。

14. 劉士永,〈大衛阿諾與後殖民醫學〉,《當代》170 期,2001 年,頁 30～39。

15. 劉士永,〈日治時期臺灣地區的疾病結構演變〉,《新史學》13 卷 4 期,2002 年,頁 165～208。

16. 劉士永,〈醫療、疾病與臺灣社會的近代性格〉,《歷史月刊》201 期,2004 年,頁 92～100。

17. 李尚仁，〈醫學、帝國主義與現代性專題〉，《臺灣社會研究季刊》54 期，
    2004 年，頁 1～17。

18. 顧雅文，〈日治時期臺灣瘧疾防遏政策——「對人法」？「對蚊法」？〉，
    《臺灣史研究》11 卷 2 期，2004 年，頁 185～222。